# "산 너머 진달래"

(*지은이: 이 상 록)

\* 불같은 아버지 —
또 날 부르신다 학교 갔다 돌아오기도 무섭게 그렇게
　　　　　부르며 찾으시던 아버지, 지금은 어디 계실까
공부하고 싶어 미국으로
　　　도망친 사이 아버지는 바람과 함께 사라진 것이다
내 가슴에... 내 가슴에는 ...
　　　　소 몰고 산 넘어가시는 아버지 뒷 모습만이...그리고
사춘기 산 너머 *"진달래"* ... 지금은 어디서 피고 있을까
　　　나는 여전히 그곳 하늘을 바라 보고 있는데 ...
　　　　　　(2025 06 13 이상록)

## * 이 상 록

1. **시 인**
2. 영어강사
3. 미국 뉴욕 11년 거주
4. 시 등단 (2024), 시 신인상 (2025)
5. 강원도 양양 태생
6. 현북 초, 중, 양양고교
   청주 사범대학, 외대 eMBA
   미, 컬럼비아 대학
   영어 물결에서 헤엄치다
   시인이 되다

............................................................

- 시집 1 ... 처음 본 달
- 시집 2 ... 산 너머 진달래

---

- 샘 문학 회원
- 동대문 문화원 회원
- 한국 문학 회원
- 한용운 문학 회원

# "산 너머 진달래"

........................................

### \* 산 너머에 무엇이 있을까요

소나무가 제발로 걸어와 울타리를 만들어 주고
그 나무위로 오르고 내리는 개미가 있어 심심하지 않고
가끔 산 비둘기도 날아와 잠시 쉬기도 하고
졸기도 하면서,
배고프면 콩밭에가 콩을 쪼아먹는 무법자 산 비둘기
사냥꾼 후달구는 소리에 놀라 도망쳐 날아온
산 토끼, 갈 데 없어 바위 굴에 들어가 숨기도 하고
조용한 마을에 진달래는
외로움 감추고 산 넘어와 우리 마을 지나 학교로 간다
고교 3년 동안 우리 집 앞으로 지나갔던 소녀 희...
나는 아무것도 몰라 영화속에 나오는 벙어리 삼룡이,
세월 지나 지금 생각해 보니,
그때가 가장 그립고 가장 아름다운 추억으로 다가온다
많은 것이 변했을지라도 나는 그곳에 가, 소녀가 살았던 마을과
그녀가 걸어 다닌 길을 똑같이 걸어 보고 싶다
산 하나 언덕길 넘으면 내가 빌려 쓴 월리 마을이 나오고 남대천
다리지나 양양읍내 사거리에서 왼쪽으로 벗나무 따라
서쪽으로 가면 양양 고고와 그 옆에 양양 여고가 있었다
벗나무에서 봄을 들고 와 하얀 손짓을 하면 어김없이 여고생들이
길게 줄지어 어디론가 떠나가곤 했다 맘 따라간 적 얼마였을까
예쁜 여고생들 중에, 머리 길게 땋아 더욱 빛난 희,
다시 만나 볼 수 있을까
산 너머 지금도 어디선가 피고 있을 그대여,
그 산의 진달래여 ―

(*2025 06 13 이 상 록 시인)

## *이 책을 쓴 동기는...

비둘기 우는 소리
   산 넘어와 내 귀에 전해지는 두 글자, 구구...
그 소리만 들어도 나는 깊은 사색의 골짜기로 들어 간다
   가을이 남긴 슬픈 사연을 몸으로 비벼대며
누군가가 뿌리고 간 긴 아픔도 나는 그곳에 머물며 마시기도 했다

   가다가 쉬기도 하고 뛰다가 나무뿌리에 걸려 넘어지기도 하고
때로는 원치 않는 뱀을 만나기도 했다 천년의 슬픔이 느껴지는
   그런 곳에서... 그래도 가끔 개구리가 뛰어나와 나를 반겨주고
   또 꾀꼬리가 노래해 주어 나는 웃었고 지금도 웃는다
세상은 반반으로 돌아가는 것 같다  남자 반 여자 반, 선악도 반반
   나는 이 세상 사람을 둘로 분류하고 싶다

기도 하는 사람/ 기도 안하는 사람, 이 세상 살면서 내가 만들지 않
   은것(자연)을 누가 만들었을까요 여러분은 그렇게 자문해
본적이 있나요 내가 만들지 않은 것은 누군가가 만들었을 것이다
   그것이 사람이든 신이든 ... 우리는 감사 하는 맘을
잊어서는 안된다 "시 "라는 짧은 문구를 통해서 모든 것을
   다 표현하기는 어렵겠지요 그 일부를 본 시인의 체험을 바탕으
로 쓴 시 60편 (61~120편)에서 함께 느낄 수 있기를 소망합니다
   감사합니다
           (2025 06 02   이상록 양양시인)

# * 두 번째 시집을 내면서 (시집 2) ....

이번이 두 번째 시집을 이어갑니다
그동안 간직하고 있던 시를 조금 보내려고 다시 하나 둘 아버지
새끼꼬듯 이어 가고 있으니...
한편 시에게 미안하고 다른 한편으로는 기쁘고 행복합니다
이번에도 시집 1 (1~60)에 이어, 시집 2 (61~ 120편)을 수록했습니다
중간 중간 삽화도 있으며 참고로 제가 쓴 우리말 수필과 영문수필도 몇편
준비했으니, 나름대로 음미해 보시길 바랍니다
여기에서도 어린 시절의 농촌과 자연, 사춘기의 갈등, 아버지와의 애환, 서
울과 미국에 살면서 얻은 지식과 삶의 체험, 우주를 지으신 신의 영역에 이
르기까지 생각나는 대로, 체험을 바탕으로 글을 써 봤습니다

시가 주는 의미는 무엇일까요
　독자마다 작가마다 다 다를 수밖에 없겠지요
　　　그러나 특히 작가의 정신이랄까 글의 세계라 할까
　　　　　궁극적으로 그것은 바른길, 유익한 길로 인도하는 편안한
　　　안내자가 되어야 한다고 생각합니다
　　　한 편의 시를 읽고서 한 사람의 인생이 올바른 삶으로
바뀌었다면 그것보다 더 큰 보람과 기쁨은 없을 듯싶습니다
　　　비단 시뿐만 아니라 모든 글은 삶의 활력을 불어 넣어주는
　　　　　매개체가 될 때 그 글은 더욱 빛나고 살아 있는 글이 되겠지요
　　　저의 시집-2, 기쁨, 희망, 격려, 사랑, 용기, 나라 사랑,
바른 가치관, 배려 삶의 힘을 불어 넣어주는
　　　　그런 시집이 되었으면 하는 맘 간절합니다
　　　　　　여러분 모두의 건강과 행복을 빌면서...

　　　　　(*2025 06 02 서울에서 이상록 양양시인 올림)

\* 능소화 —
　이런 꽃이 있는 줄도 몰랐어요
　시골에서는 본적이 없으니까요
　건대역 남쪽 방향으로 300미터 걸어 가면
　청담대교 올라타는 고가 아래로
　매년 6월 중반기부터 피기 시작합니다

\*　A trumpet creeper's flower language is
　　called "waiting, missing, glory..."
　　　(능소화의 꽃말은 기다림, 그리움, 영광...
　　　　이라고 하네요)

\*넓은 들에
뿌리고 싶은 작가의 마음은,

\*One day when I was alone sitting on the bench
there was a voice as small as an ant voice
from the heaven.
It was that "Love always and live for others
not for you."

목차 ……

# 제 1부 …………………

61. 산 너머 진달래 …………………………………… 16
62. 이슬비 ……………………………………………… 17
63. 방추골 ……………………………………………… 18
64. 반　달 ……………………………………………… 19
65. 뉴욕에 핀 그리움 ………………………………… 20
66. 중랑천 ……………………………………………… 21
67. 모과나무 …………………………………………… 22
68. 망　우　동 ………………………………………… 23
69. 노란 꽃 ……………………………………………… 24
70. 하늘 숲 여인 ……………………………………… 25
71. 청　솔　모 ………………………………………… 28
72. 하늘의 질투 ………………………………………… 29
73. 계곡에서 …………………………………………… 30
74. 응　봉　산 ………………………………………… 31
75. 목　련　화 ………………………………………… 32

목차 ........

# 제 2부 ............................

76. 청개구리 ................................... 36
77. 영웅들 ...................................... 37
78. 하얀 편지 ................................... 40
79. 사춘기 ...................................... 42
80. 여름 바다 ................................... 44
81. 안녕, 펄(Pearl) ............................. 46
82. 봄 하나 ..................................... 49
83. 감나무 ...................................... 51
84. 분꽃 ........................................ 53
85. 시골 들녘에서 ............................... 56
86. 태초의 예술 ................................. 58
87. 마음 그리로 간다 ............................ 61
88. 돈나물 ...................................... 63
89. 블랙 파티 ................................... 65
90. 수평선 ...................................... 67

목차 ........

## 제 3부 ............................

91. 우주 한바퀴 ......................................................... 71
92. 여기 없다 ........................................................... 73
93. 상 현 달 ............................................................. 75
94. 살 쾡 이 ............................................................. 78
95. 산 다람쥐 ........................................................... 80
96. 대모산 매미 ........................................................ 82
97. 마지막 연휴 ........................................................ 83
98. 여름 장마 ........................................................... 85
99. 병원에 뜬 달 ...................................................... 87
100. 바느질 하는 여인 ............................................... 89
101. 눈이 큰 소녀 ..................................................... 92
102. 혼자 사는 나무 .................................................. 93
103. 저기 보인다 ...................................................... 94
104. 춤추는 바람 벌 .................................................. 96
105. 두발의 총성 ...................................................... 98

목차 .........

# 제 4부 ..........................

106. 오 계 절 ...................................................... 102
107. 수 평 선 ...................................................... 104
108. 대나무 숲에서 ............................................. 106
109. 마음 하나 던져 보자 ..................................... 107
110. 혼자 사는 돌 ............................................... 108
111. 연말 파티 .................................................... 109
112. 산 딸기 ....................................................... 111
113. 오동나무 ..................................................... 112
114. 까마귀 소리 ................................................. 113
115. 아버지, 어디 있어요 ..................................... 114
116. 달빛 푸르다 ................................................. 116
117. 빨간 인연 .................................................... 117
118. 광천수 ........................................................ 119
119. 혼자 뜬 달 ................................................... 120
120. 아침 태양 .................................................... 121

목차 ……

# 제 5부 (부록편) …………

1. 수필이란 …………………………………… 124
2. 수필 엿보기 ………………………………… 125

    1. 어느 가을날에
    2. 냇가에 핀 작은 교회
    * 영문 수필 (1~6편)

3. 추억의 사진 ………………………………… 144
4. Flushing 사진 ……………………………… 146
5. 예쁘고 고마운 분들 ………………………… 148
6. 그리운 이름 ………………………………… 150
7. 문인 및 예술가 ……………………………… 151
8. 자발적 후원 코너 …………………………… 153
9. 시 창작은 …………………………………… 154
10. 댄스 파티 ………………………………… 155
11. 영어 한마디 ……………………………… 156
12. 감사 인사 ………………………………… 157
13. 당부의 말 ………………………………… 160
14. 시인 안내 ………………………………… 161
15. 맺는 말 …………………………………… 162
16. 작가 프로필 ……………………………… 163

# 시집 1 .... "처음 본 달"

(1~60편)에 이어

..................................

# 시집 2 .... "산 너머 진달래"

(61~120편) 이어갑니다

*Here is a natural brook
that welcomes the waters
and birds softly approaching
from Mt.Dobong.
People call it Joorangcheon flowing
between
Jangandong and Myeongmokdong.

(*photoed by the poet Lee
on a spring day 2025)

목차 ......

# 제 1부 .....................

　* Spring has come
　　　for the purpose
　　　　of being full of
　　many different kinds of flowers
　near the streams flowing
　　　along the Joonrangcheon,
　　　　Kwangjingu.

(*photographed by the poet Lee
　on a spring day 2025)

## 61. 산 너머 진달래      ... 이 상 록

까마귀 물고간
    까마득한 날에, 까만 손수건

꾀꼬리 따라 계곡물 따라 졸졸
    사연 말아 청보리 길

지친 한줄기 그리움
    유월 가지 끝에 머문다

청산, 소 몰고 떠나는
    아들 맘속에서
        소녀는 나비가 되지요
            안개가 되지요

시냇가 수양버들 좋아라 춤추면
    내 마음도 둥실, 오리 엉덩이도 둥실
        나뭇잎 푸르러 옛 추억 푸르러

산 너머 진달래
    소나무 가지에 걸어둔 님 그림자
        솔바람 타고 내 마음 흔들고 있네

(2025 05 04)

# 62. 이슬비                   ... 이 상 록

달 품고
떠나가신 어머니

멀어서 못오시나
길 막혀 못오시나

이른 아침
아버지 소 몰고 산지고 가시네
산 넘어 가시네

멧 비둘기 구구—
뒷산 참나무 가지에 앉아
날 부르는 소리

아무도 없는 메뚜기 마을
빈집 뜨락에
길고양이

숨어 사는 서러움,
가지타고 흐르다 마주친 어머니 눈빛 —
이슬비로 내린다

(2025 04 16 서울 장안동에서...)

## 63. 방추골       ... 이 상 록

앞에도 산
뒤에도 산
뱀길 따라 어미소 따라

한평생
산 너머 방추골

콩 감자 고구마... 청춘도 심으신
우리 아버지

어머니
떠난 빈자리,
모기 숨은 잡초만...

아버지 홀로 외로움
저 산에 묻혀... 송아지 울음소리에
계절 꽃 피고 지어
그리운 동산
에덴—

아버지
달빛 꺾어 한 소쿠리
어머니 없는 밤,
방추골, 방추골...

(2025 03 10)

## 64. 반달        ... 이 상 록

달심
반은 저 바다에
반은 저 머루 숲속에

오늘
허드슨 강가 저 반달
무슨 소식 안고 왔을까

반을 채워
둥근 달, 둥굴게 굴러와야지

무엇이 급해
날 찾아 왔나
물어도 대답 없는 아버지 소식

강가
빈 배
검은 바람만 하나 둘 쌓여 가고 있구나

(2025 03 14)

---

● 참고: 허드슨 강은 뉴욕시에 흐르는 강으로서
　　　　미국 사람들은 "Hudson (핫슨)" 이라고 발음 함

## 65. 뉴욕에 핀 그리움 ... 이 상 록

애쉬
애쉬
애쉬 애번뉴

한때 큰 시련 있었을까
어렴풋이 느껴지는 잿빛 그늘, 버려진 땅
그 속에도
싹은 트고 꽃은 피어
이젠 큰 도시가 되었구나

아침마다
지나가는 한 여인
가로수 길 따라 그대 모습
날마다
아침에 피는 꽃
날 설레게 하네

눈으로 맘으로
녹아진 긴 강가, 버드나무 물새 울음
키시나 단풍나무 아래
숲길 지나 호수에 젖는다

먼 먼 훗날,
나, 그대 스치는 바람 되었으면....

(2024 10 09)

## 66. 중랑천      ... 이 상 록

구구 —
멧비둘기 우는 소리에
도라지꽃 홀로 피어 흘린 눈물
구르고 굴러 중랑천에 이르렀구나

산 하나 베어 먹지 않고
물만 먹고 자란 저 선비 소나무
예술이 뭔지,
인생이 뭔지 말은 않고
몸으로 몸으로만 보여주고 있네

물이 좋아 물에서 산다
하얀 새
그것을 알고 싶다는 듯
물고기는 그냥 두고 먼, 먼 산만 바라봐

봄 여름 가을 겨울
중랑천 오고 가는 사람들
물심 따라,
오늘도 연인이 된다 이웃이 된다
물 반짝,
오월 강가에 쏟아진 별빛
중랑천
중랑천에 떨어진 이야기는
모두 연인의 꽃으로 피어난다

(2025 04 08)

## 67. 모과나무      ... 이 상 록

답십리
사거리에서
아이스크림 먹다 미끄러지면
신답역 맞은편 모과나무를 만날 수 있다

오월이 보내준
푸른 엽서 여기까지 왔구나
누가 훔쳐 읽어 볼까 봐
두려워
온몸, 온맘으로 둘둘 말아 감싸고 있는 너

우리 집 송아지
뒷발차기에 치인 여름
저만치 물러가
어느새
슬금슬금 가을은 다가 오는데 …
모과나무 속 아직도 땅속에 돌이다
내가 없어 그랬을까
내가 보고 싶어 애가 탔을까
이젠 그 속 마음 풀어다오
나뭇잎 다 떨구어내도
너의 심정 털어내지 못하는 남모른 사연
누가 알아주랴
장안동 목화 바람에도 답십리 가을은
겨울 문턱을 넘지 못하는구나

(2024 12 24 장안동에서)

# 68. 망우동     ... 이상록

살금 살금
망우동 다람쥐 담 넘어 나뭇가지 끝에서
하룻밤 머물다
달빛에 구워져
아기 목련되다
험한 세상 잘 견디다 왔구나
이젠 펑펑 울어도 좋다
웃어도 좋다
내 품에 잠든 목련
어머니와 동생들
어디 두고 너 혼자 불쑥, 이 밤 찾아 왔니
강 건너 진희, 진주, 상범 뒷뜰에는 산유화
구불구불 소나무 가르쳐 주는 대로 경모, 시원
정애집 지나 봉화산 개나리
산 아래 망우동
망우동 사람들 웃음소리
먼 옛날 소풍 가다 떨어뜨린 아이들의 웃음소리까지도
참새, 곧 물고 오겠지요
가던 길 멈추고
하늘길 올라가요 오르다 지쳐
혼자 내려올 수 없으면 망우동, 망우동 언덕 위에서
아주 멀리 떠난 님 잊기로 해요
오늘, 내 안에 나도
잊기로 해요

(2025 04 01)

## 69. 노란 꽃 ... 이 상 록

먼 하늘에
흰 구름
내 마음 싣고 어디로 가는걸까
유월이라 산 푸르른데
칠월이라 도라지 피고 있는데...
속으로
속으로만
움켜쥔 긴 그리움 언제나 피어날까
외딴 마을
붉게 타는 태양 아래서
지금쯤
밭 갈고 계실 아버지
바다 건너
멀리 떠난 아들 생각에...
뻐꾸기 울면,
솔바람도 내려와 풀숲에 누워 울고 있겠지요
베이싸이드에 뜬 저 달
이 밤
노란 꽃 한 송이 품고 있어요
아버지 없는 빈 산에 머루꽃 피고 있을까
숲속에 숨어 사는 노란 꽃
달에서 왔겠지
내 눈은 자꾸 숲속으로 숲속으로만 향해 간다
오늘도
노~ 오란 님의 미소를 떠 올리며...

(2025 07 14)

## 70. 하늘 숲 여인         ... 이 상 록

샘제산
바위틈 산새
쪼르륵 쪽적  쪼르륵 쪽적

푸른 잎 날아,
가지 끝에 누우면
난, 가던 길 멈추어 개미가 물어다 준 물소리를 듣는다

숲 사이를
지나가는 바람 소리도
아 ㅡ
님 생각에 귀여운 아픔인 것을 …

해는 지고 달 떠
산 하나 내려와 날 꼬 ㅡ 옥 끌어안고 돌아도
허전한 이 맘 누가 채워줄까

연 꼬리에
나부끼는 그리움
서쪽으로 가고 있는데…
님은 구멍 뚫린 하늘에서만 빙빙 돌고 있구나
난, 구름이 되지 못하고
새가 되지 못하고 땅에 떨어진 낙엽으로 구르고 구르다
어느 고목나무 뿌리에 웅크리어 살다
님의 하늘 열이면 그땐,
바람 타고 올라가지요

(2025 02 21)

\* Let's be into a break.

여기는
일산 호수공원입니다
친구랑 놀러 갔다가 찍은 사진
아마 2022년 9월쯤으로 기억
지금 봐도 참 아름답고 시원하네요
여러분도 일만 하시지 마시고 좋은 분 하고 손잡고
꼭 가 보시기 바랍니다

(*2011 11 16 photoed by the writer Lee)

여기는
강원도 양양군
낙산 해변가입니다
제 고향이 양양 현북면이니까
차로 가면 20분 걸리지요
여름엔 서울 사람들이 많이 내려와서 썬틴도 하고
수영도하고
주변에 횟집도 많아 즐거운 시간 갖기는 안성맞춤
광복절이 지나면 파도가 높아져요
물도 차가와 지고
수영에는 조심, 그러나 Wind surfing하기에는
아주 좋은 곳이라고 볼 수 있지요
멀지 않는 곳에 ... 하조대 바닷가는 요즘 더 맑고 깊고
아름 다운 듯 ... 연인들 몰려 와요

(*2021 11 11 photographed by the writer Lee)

# 71. 청솔모     ... 이 상 록

휘파람새
산 하나 넘지 못하고
칡줄 뻗어가는 마을 숲속으로 몸을 숨긴다
그곳에 핀 꽃 한 송이
어머니가
보내준 구름이 피워 냈을까
고교 시절
내 마음 훔쳐 간 소녀
추억은
강물로 흐르다 멈춰 어느 외딴 마을에서
작은 아기
눈망울 같은 꽃으로 피어나지요
강바람
푸른 바람
황새 뒷다리를 지나 저녁노을에 걸터 앉지요
눈부셔
다가가지 못했던 흑 고양이
눈물 한점
달빛 타고 흐르는
소녀의 미소는
어디쯤...
알 수 없는 구름 한 조각, 그 산에 떠돌지요
밤 가시에 그리움 찔린 청솔모
노송가지 끝에서 사랑학
개론을 읽다

(2025 04 15)

## 72. 하늘의 질투 ... 이 상 록

냇가에
혼자 서있는 나무

찬바람 눈보라 속에서도
계절을 넘고 넘어 여기까지 왔구나
다가가 안아 주었다

지난여름 떠난 사람 돌아오지 않는데
노루 따라 산 넘어간 산토끼 돌아오지 않는데...
너는 날 기다리고 있었구나
하늘 높이 가지 뻗어
꽃은 만개의 웃음을 짓고 있었다
나도 그 웃음 따라 뻗고 뻗어 가지타고 하늘로 ...
하룻밤 사이 진눈깨비
꽃은 지고 쌓인 눈만 남아...
내 기도는 어디로 도망 갔을까
늦은 밤, 동탄시 보다 무거운 진눈깨비
그것은 불독의 심장을 달고 달려오는 불촉, 불화살
어느 장수의 비명 소리가 내 속에서 들려온다
벚꽃만 예쁘다고 한 것이 화근이였을까
내년엔 하늘이
더 예쁘다고 더 아름답다고
미리 예찬하는 거, 잊지 말아야겠다

(2025 04 11)

## 73. 계곡에서 ... 이 상 록

햇살조차
들어오지 못하는 계곡에서
천년의 침묵을 깨고 들려오는 새 소리

호호 호레비돌
호호 호레비돌

아무도 없는데
소나무에 사랑 실은 구름꽃
바위틈 아기 물소리
살며시 날아와 물 한 모금, 내 마음 한 모금
고요한 산속에서
풀잎 웃는 소리에 나도 젖는다
아 —
양지쪽 외로운 산딸기

호호 호레비돌
호호 호레비돌

새 소리에 얼굴 붉어졌을까
나무 뒤에 숨어
나도 한입 물고 싶다
그 빨간 마음

(2025 04 01)

# 74. 응봉산 ... 이상록

강변 따라
바람 따라

한세월 늘려 온 응봉산에
꽃이 피고 있다

개나리
수양버들 연 푸르름

나 몰래
긴 겨울잠을 자던 개구리도
먼 옛날 아버지 밭갈 때 들었던 송아지 울음도
봄풀에 밀려 뛰어 나오겠지요

내 속에
감추어둔 그리움 하나도
곧 뛰쳐 나오겠지요

노란색 물감으로
하늘과 땅과 사람을 이어가는
응봉산 개나리

강물 따라
길게 길게
날, 부르고 있었다

(2025 04 15)

## 75. 목련화 ... 이상록

목련화 —

지난밤
홀로 긴 밤 지새우고
구름 몰려와
하늘은 간데없다
너 혼자
언덕 위에서
긴 이야기를 쓰고 있었구나
삼성병원에서
들려오는 모란의 향기로운 웃음소리
한잎, 두잎 ... 어디론가 멀리
날아가고 싶다
한 해를 보내며
내 속에 끼인 아픔 — 저리도록 서러워
너를 보면서 나도
너이고 싶다
세상에
누워 있는 사람들
봄노래 불러보자
웃어 보자
저 언덕 위에 모란이 손짓하고 있어
웃으면 우리 모두가 친구
나도 너처럼
늘 웃는 사람이 되고 싶다

(2025 04 15)

## a Cherry tree

*The mountain over there we can see
is called Achasan, Kwangjinku district.
Water is flowing along the streams
toward Han River.

(March 03 2023 photoed by the poet Lee)

* What are you looking for?

*What is this flower called?
It is called "forsythia".

목차 ......

# 제 2부 .....................

중랑천 돌다리를 건너다
어린 시절 시골 냇가에서
자연석 돌다리는 이끼가 있어
잘못하면 미끄러지기 일쑤다
여기는 안전한 듯...

(*March 12 2025 by photoed by the poet)

## 76. 청개구리　　　　　　… 이 상 록

태양이 길 멈춰
독수리처럼 우리 마을 내려다보고 있다

무엇이 있길래
저렇게 큰 눈으로
빨갛게 하얗게 날아가면서 바라보는 걸까
아기 울음에 산 까치 날아오고
아버지 한숨에
저 먼바다 파도는 고래 등 타고 달려왔다
농부가
기르는 곡식에는
찢어진 마른 탄식 소리만
벌써 40일째
하늘도 타고 땅도 타고
바위도 물 한 모금 얻어먹지 못했다
학교 갔다 돌아오는 길에
청개구리—
어린 시절 내 친구,
푸른 잎 청개구리
우리 아버지 오동나무보다 큰 한숨 소리
뒷산 부엉이 울음에
달 지고 구름 떠
어머니 잃은 슬픔에 개굴 개굴 …비가 내린다
하늘의 태양은 풀숲에 숨어 있는
청개구리를
찾고 있었나 보다

(2024 07 22)

## 77. 영웅들　　　　　　　　... 이 상 록

오금동 공원
날다람쥐, 나무 뒤에 숨어
설악산 비룡폭포에서 막 목욕하고 나온 선녀 같은
밤하늘을 몰래 훔쳐 본다
구름 지나 별 하나
나뭇잎 사이로 별 둘
날아가는 황새 두 마리 사이로 별 셋
개미가 물어다 놓은 지렁이 등짝에서 반짝 별 넷
은하수는 어디로, 북두칠성은 어디로
우리 어머니 먼 바다로 가시니
덩달아 따라갔구나

어린 시절
감자 고구마 구워 먹으며 키 이만큼 늘렸지
산에서 들에서
어머니 풀뿌리 캤었지
생일 때나 쌀밥 먹었던 시절
잘살아 보세 잘살아 보세 노래까지 지어
보릿고개 넘겨주신 고마운 어르신 어디 가셨나요
산 살찌고 들 황금빛으로 고와, 까치도, 까마귀도
이 나라 살기 좋다 노래하고 다니는데...
먼 나라 흑두루미도 이사 와 잘살고 있는데 ...
내 조국을 사랑하자
지키자
그런 소리 저 하늘에서 떨어지고 있었다
우리말
무시하는 풍토

이토록
아름다운 나라 귀히 여기지 않으면
누가 우리 문화와 전통을 이어 가겠는가

우리의 영웅들 …그 이름을 부르자 기억하자
반짝 반짝 빛내주자 우리도 닮아가자

## (*영웅 33인)

*이승만 건국 대통령님, **박정희** 근대화 부국강병 대통령님 *(정치)

*이건희, 정주영, 구자경, 신격호(신동빈), 김승연 회장님 *(경제)

*이육사 한용운 이근배 이정록 도종환 시인님 *(문학)

*손기정 마라톤 영웅님, **홍수환** 세계 챔피언님 *(스포츠)

*언더우드, 손양원, 주기철, 길선주, 조용기, 전광훈 목사님 *(종교)

*아펜젤라, 김홍도, 피터 패티슨, 장경동 목사님 *(종교)

*안병욱 철학자(숭실대 교수님), **김동길** 교수님, **김형석** 교수님 *(철학)

*안중근, 안창호, 유관순 애국 열사님 (독립 운동가)

*이미자 가수님, **나훈아** 가수님 (예술)

우리가 누리는 이 행복 이 부국, 큰 지도자, 큰 일꾼, 큰 애국자,
　　큰 시인, 큰 예술인 있어 이만큼 누리는 게 아닌가

우리 선조들은
배고파도 남의 것을 탐하지 아니하였고
자식을 바른길로 가라고 가끔 사랑의 매도 들었다
요즘, 자식에게 매질하면 어떻게 되나요
선생님이 제자에게, 꾸짖지도 못하게 만든 법
이건 나라를 망치는 길이요 도덕과 질서가 무너지는 길이다

 영국 속담에....
"매를 아끼면 자식을 망친다" 는 격언이 있다
 오늘 오금동
 밤하늘에서 울려 퍼지는
 천둥소리는
 몸 바쳐 순국하신 호국 영령들의 호통,

이 나라엔
"왜, 영웅을 영웅으로 받들지 않는가?
"어서 당장 모셔라"

어디선가
다가온 흰 구름
소낙비와 함께 풀숲을 지나 강가로 유유히
흘러 큰 바다로 향하고 있었다
거기서 우리 모두 하나
한 가족, 한 겨레, 한 나라임을 잊지 말자
    (2024 09 15)

    (* 위 영웅들은 시인의 주관적 시적 판단입니다)

## 78. 하얀 편지 ... 이 상 록

아버지
이렇게 편지를 쓰는 것이
학교 졸업 후 처음인 것 같습니다

오랜 세월이 남긴 흔적, 아버지와 아들이 서로 보고 싶어도
볼 수 없다는 것
양양 읍내 버스 타고 간다는 얘기 들었는데
아직도 버스 타고 가시나요
뉴욕에서
아버지 생각나면
키시나 팍 달려가 호수 한 바퀴 삼키고
집에 오곤 하였지요
어머니 일찍 여의시고 홀로 아들 뒷바라지 방추골
허리에 차고 밭에 도라지, 감자, 콩, 옥수수...
아들 어쩌다
남양주에 갔다 돌아올 때면
옥수수 한입에, 아버지 생각 절로 ...
그때 심은 도라지도
뿌리 타고 올라와 하얀 꽃 자두색 그리움으로
아버지를 기다리고 있지요
산 토끼 사는 마을
저 숲속 꿩 소리에 놀라
아버지 혼자,
뉴욕에 있는 아들 그리워했겠지요
어미소와
하루가 다 가도록 그 깊은 적막에서
아들
그리워했겠지요

산비둘기 벗 삼아,
한평생 일만 하신 우리 아버지
아들 외로움
그 땅에 묻고
홀로 떠나신 아버지

아들
서울에 와 잘살고 있어요
꿈에서라도 아들 이름 불러 주세요

쩌렁쩌렁한
아버지 음성 다시 듣고 싶습니다
밤나무 우거진 산속에서
밤은 떨어지고 있는데...
저 산 비둘기 소리 아직도 들려오고 있는데...

어디선가
날아온 바람 한 줄기
검은 낙엽
아들은,
이 밤,
마른 낙엽이랍니다

(2024 10 21)

## 79. 사 춘 기    ... 이 상 록

산마루에서
너의 마을을 바라본다

토끼 귀를 빌려
너의 음성을 들어 본다

한동안
내 눈이 가는 곳까지 따라가

그대가 사는 곳에서는
아무 음성도 들리지 않는구나
들리는 건 파도 소리
해당화 피고 지는 소리

너의 집 앞에서
조개 주우며 헤엄치며 친구들과 놀았던 일
그곳 바위 3형제

육지에서
그 바다를 부른다
언젠가
우연히 만날 수 있다면
학교 가는 너의 뒷모습
갈매기
춤추는 바닷가 작은 마을, 조개, 새우, 물미역, 해파리...
눈이 큰 소녀

그대 밟고 간
그 길 따라 이제 떠나 보련다

우리 집
황소 앞세워
대관령 굽이굽이 뱀길 따라 구불구불 삼백리
소나무 가지 타고 칠백리

강릉
주문진
하조대 해변가

조개 물미역...
눈 감고도 헤엄치는 녀석들
해파리 불러 너의 소식 듣고 싶다

내 가슴
파도 물결, 옛 그리움 —
마을 하나 지나 옛 살구나무에서 피다

(2024 8 12)

## 80. 여름 바다 　　　… 이 상 록

여름 바다
미역 줄기 타고 춤을 춘다
아직도 몸은 여름인데
파도는 혀끝으로 가을을 부르고 있다

누가
벌써
가을을 오라고 불렀을까
도토리
한입 물고 싶어하는
다람쥐 일까
저 산 그리워하는 갈매기 일까

여름 바다
그해 여름 바다가
풀숲 우거진 마을 찾아
낙타처럼
내게로 걸어오고 있다
내가 사랑한 것을 어떻게 알았을까

그래,
모두가 여름 바다를 떠나면
나 살며시 바다에 들어가
말하지 않고도 그대
사랑할 수 있겠네

그대
반갑다 끌어안지 않아도
사랑할 수 있겠네

허전한 마음
실개천 가재가 사는 돌 틈에 숨겨 넣고
집으로 돌아와
추억에 잠긴다

맘으로
그린 그 바다가 어느새 내 침실에서
출렁거리고 있구나

(2024 07 22)

# 81. 안녕, 펄 (Pearl) ... 이 상 록

주머니에 넣어둔
아버지 말씀 하나 꺼내어 읽다

책가방 던지고 다람쥐 따라
산길 오르며,
독수리 따라 날아간다
빗물이
깎아 먹은
산비탈에서
아버지는 어미소 달래며 밭을 가신다
일어 어디루
와, 와
암꿩
날아오는 시기에
감자 고구마 옥수수 춤을 추지요
오늘 화전 밭에
쏟아지는 햇살,
불이 되어 봄을 태우고 있었다
밭고랑 따라
개구리 따라
밤 줍듯 허리 굽혀
조약돌 하나하나 소쿠리에 담는다
영어로 조약돌이 뭐였지
그런 생각을 하면서 하루 노동의 그림자
빈 우차에
싣고 집으로 간다

미국에서
배 타고 온 영어 사전 ―
페블(pebble)를 끌어안고 깊은 잠을 자고 있었나 보다

햇빛도 바람도 물도
없는 곳에서 참 오래 버티고 살았구나
말이 안 통해 눈감고 살았구나
허전한 마음에
어머니
손님 대접하듯 차 한잔을 권했다

아직도
제 고향으로 간다는 말 안 하고 있으니
잘 구워진 고구마
두 농부 날 두고
강가로 갔을까  더덕 캐러 갔을까
소식은 두더지가
감추고 산은 여전히 천둥치는 소리에
푸르게 살쪄 가고 있다
페블,
어디론가 떠나가고 싶지 않을까
고향 못간지 30년, 많이 답답 했겠구나
시집간 누님
언덕에서 노래 불렀던 봄이
참새처럼 날아오면
미국 비자 받아
노송나무 학처럼 날개 달고 날아가야지
파도 소리 들으며
갈매기
구애하는 소리 들으며 날아가 보자

뉴욕 센추럴 팍
맨하탄 타임스퀘어 카네기 홀에서
보고 듣고 만지며
단풍잎 같은 이야기 하나 둘 마음에 그려가자

오늘부터
너의 이름을 펄이라 부르기로 했다
펄,
내일 에이브라함 링컨 기념관에 간다
방문자 이름을
펄—
이라 쓰길 바란다

변함없이
진주빛 보석으로
늘 이 세상에 남아 주길...
푸른 바다
물살에 춤추며
하늘에서 떨어지는 자유를 마음껏 누릴 수
있기를...
안녕,

펄—

(2024 10 23)

## 82. 봄 하나　　　　　... 이 상 록

봄은
아직 오지 않았는데
뱅쿠버 간 어머니 아직 돌아오지 않았는데
산에서 토끼와 놀던 한 아이가
봄 봄 봄
봄 노래를 부른다

숨어 있던 새싹들
땅에서 나무가지에서 돌담길 사이에서
봄봄봄
봄노래를 부른다

삐거덕 삐거덕
황소가
걸어가는 길에 겨울잠이 부서지고
우차
뒷바퀴 소리에 놀란 개구리
하나 둘
눈 비비며 일어나 도망치듯 뛰어간다

순식간
내가 사는 마을에
수 천개의
봄이
별빛으로 반짝인다

일어나
걷기도 하고 뛰기도 하고 노래도 부른다

작은 냇가에서
소금쟁이처럼 널뛰기도 하고
수많은 생명체들
물속에서
홍수환 권투 선수를 본 듯
몸을
몸을 풀고 있었다

(2024 03 22)

## 83. 감나무　　　　　　　　… 이 상 록

우리 집
앞마당에 감나무
학교 갔다 돌아오면
나를 보고 늘 손짓을 한다

그런 게
고마워 나도 다람쥐처럼
거의 매일 감나무에 올라 노래를

사랑방에서
공부하다 배고프다 말하면
잘 구운 홍시 하나 떨어뜨려 준다

물 감나무
물 감나무

물이 많아 물 감나무
까치도 좋아하는 물 감나무 홍시
땅바닥에 떨어지면 수류탄처럼 터져버려
이별을 앞둔 여인의 눈물이다

뾰족한 입술 만들어
한 조각 한 조각 찾아가 할아버지가 키우신
어미소처럼 핥아 본다

이 세상 그 어떤 과일도
그 어떤 사람도
이보다 더 진한 진실을 우려낸 적 있을까

먼 곳을
바라보고 싶다 하면
날 끌어안고 독수리가 앉은 자리에 올려준다

조개 캐러 간 어머니가
보고 싶다 하면 파도소리 들려준다

거북이가
숨겨 놓은 먼 바닷속 이야기
나는
감나무 꼭대기에서
듣는다

(2024 12 22)

## 84. 분꽃 　　　　　　　　... 이 상 록

비가 와도 좋다
바람 불어와도 좋다
강 건너 제비 등에 업혀 온 바람 한 줄기
태양 밀어내고 달 떠 올려
밤기운 크고 굵다
세상이 그렇게 무서웠을까
내 몸을 이토록 감추고 감추어야 했던 이유가 뭘까
태양이 뜨는 날에
나는 없고 어두 컴컴한 토굴 속에서
책 한 줄 읽지 못하고
숨조차 날려 보내지 못하는 나
너는 왜 그래
그런 소리에도 나는 귀 막고 입 막고 살아 가야했다
어머니가
그렇게 살라고 가르쳐 준 것일까
그렇게 사는 게 내 운명일까
머리카락 타고
흐르는 햇살 두어 줄기도 받아들일 수 없는
숙명 앞에서 나는 속으로
속으로 뻗어가는 누에 실 같은 소망을
뽑아가며 겨우 살아갈 뿐...
길 지나가는 나그네
가을바람에 홀로 핀 너 분꽃을 바라본다
너 없는 긴 겨울
나
절 두고
산 넘어간 스님처럼
마른 나뭇가지 겨울바람

소나무
바람 울음소리에 걸려 넘어진 추운 계절이
곧 내 앞으로 걸어오겠지
오늘
붉게 솟아오른
너의 미소 한 잎, 맘으로 따
산 아래
감나무 꽃피는 우리 집으로 가
안방에 걸어 둔다
겨울은
어머니 손길 안에서...
너의 여운 하얗게 벌겋게 서로 경쟁하듯 마른 장작불에 불길로
타오를 테니까
흙에 묻힌 그리움 이제 하나 둘 씻어
내가 걸어 온 길 따라 뿌려 보니
너는
너는
갈멜산의 딸이였다

천둥치는 날에도
웃음 실어 나르는 너, 낮에도 수줍어 눈 감는 너
너를 위한 하루 ㅡ
저 하늘의 태양, 내일은 깊은 바다에
잠든단다

(2024 09 11)

\* Here is a good place
that many people can walk along the long
lane close to the streams
called "Joongrangcheon".
Air is always fresh and lots of fish
live in the water.
Come and have a joyful time
with persons you love.

\* 6월 중랑천 장미축제
(*2023 05 23 photoed by the writer)

## 85. 시골 들녘에서 ... 이 상 록

밤
도토리
떨어지는 소리

길 지나
산 밑으로 굴러간다

학교 갔다
돌아오는 아이들
들녘에서 참새 쫓는 소리

논에서 여름 난 벼,
수줍어 고개 숙일 때
지나가는 메뚜기 떼 잠시
벼 등에 올라타 기마 놀이를 즐긴다

한낮의 더위는
농부의 마음을 담아 들판에 쏟아내고
바람에 춤추는 들녘의 물결에서
농부의 어깨도 들썩
여보게
막걸리 한잔하고 가게 나
아버지 저만큼 멀어져 가는 이웃 사람을
잠시 불러
새끼줄 이어가듯, 이야기 길게 늘려 가신다
벼 베기 한참

고개 넘어
산마루에서
아낙네 웃음소리가 들려 온다
하얀 머릿수건
해장국 끓여 한 동아리씩 머리에 이고
고개 넘어오면
해는 중천을 지나 오후 3시
참 먹을 시간 ㅡ
거룩한 평화가 하늘에서 내려
여인네 웃음, 참새 소리로 쏟아 진다
한해를 들판에서 보내며
풀독에 걸리고, 나뭇가지에 찔리고, 거머리에 뜯긴 피의 날들도
벼 베는 소리에 다 녹아내려
그 땅에 영혼으로...
하루해가 짧은 듯

농부 ㅡ
아버지는 소 엉덩이 한번 긁어 주고
지는 해를 따라 서쪽 마을로
가고 있었다

(2024 05 22)

## 86. 태초의 예술　　　… 이 상 록

내 고향은
꾀꼬리 노래하는 마을, 파도 다가와 말 거는 마을

어머니 품을 떠나
천하를 호령하라는 꿈 같은 사명을 지닌 한 왕자
고추나무도
숨죽여 지켜볼 것이다

멋지다
야전 사령관이다
그런 그가 들녘을 거닐며 살아간다

매일
아침마다
작사 작곡 노래까지 불러준다

일찍 일어나
하루 일과를 준비하라고
어머니 같은
분홍빛 마음 던져줘, 뜰에 자라는 오이꽃도 감동
노란 인사를 한다
해가
산 넘어갈 때까지
들녘에서 무리를 보호하며 먹잇감을 찾는다
가끔
영역을 침범하는 이웃 녀석과
목숨 건 한판 전투

말리지 않으면
둘중에 하나는 흙으로 돌아가는 법
남자로 태어나
가장 멋지고 사나이다운 녀석은 호랑이도 아니요
사자도 아니였다
저기
저 회나무에 앉아
새벽을 몰아내는 사령관
수탉 ―

머리에
왕관을 쓰고도
나를 주인으로 모신다

뽀족한 부리로
나를 쪼아대거나 위협한 적도 없다
가끔 내 품에도 안긴다

말하지 않아도
통하는 우리 사이, 이런 친구가 있어 행복했던 시절
태초의 노래는 수탉이 만들어 불렀다

세상에
공표한 노래 한 구절 한 구절
목탁 치는
스님의 염불 소리인 듯
아침
이슬처럼 맑고 영롱했다
산사를 끼고
흐르는 맑은 물소리

수탉의
목소리로 이어 간 듯
어느 가수 음성처럼 깊고 멀리 가는 통소리다

들녘을
호령하는 신사
먹을 것을 찾아내어도 혼자 먼저 먹는 법이 없다

아내일까 애인일까
곁에 있는 사람에게 먹을 것을 던져 준다
몇초 후에 이루어지는 사랑은
새 우주 탄생 신호
새 아기 별 꼬리에서 수탉의 노래가
새어 나온다

(2024 11 16)

## 87. 마음 그리로 간다            ... 이 상 록

강변따라
오후의 시간도 구불 구불

더위는 풀숲에 잠들고
나는 바람 꼬리 따라, 물길 따라 날아간다

하늘엔
목화솜 같은 마른 구름
한가로이 수다 떠는 들녘 코스모스 아가씨들

스산한 가을바람에
남자는 바람에 떠도는 낙엽인가

누굴 만나 볼까
어디서 시간을 늘려 볼까

한 참 물에 젖은 상상에
난
강물 위로 날지 못하는 물새 한 마리
내가 살았던 곳
맘으로 추억 여행 떠나 본다

그곳엔
산도 많았지
송이도 개구리도 많았지
그 바다
3형제 바위

냇가엔
예쁜 돌도 지천이고
말 못하는 가재도 지천이었지
심심하면
오솔길에 뱀이 나타나
가는 길 막고 친구 하자 덤벼 들기도 ...
나를 본 다람쥐 반갑다
이 가지, 저 가지 타고 날아 다닌다
날개도 없는 녀석이 무슨 배짱으로 저런 짓을...
멀리서
어쩌다 들려오는
어미 찾는 송아지 울음
님떠나
슬피 우는 소쩍새
한때 그런 애들이 다 내 친구 였었는데...
나는 찬 바람 타고 서울로 와
사람들 사이에서 수십 년 살았지만
그들의 친구가 되지 못하고
그들의 이웃이 되지 못하고
혼자 사는 뽕나무 뽕 벌레였는가
느린보 달팽이였는가
들에서 강가에서 산에서 거머리 논바닥에서
모기는 엥―
늪지에서
할아버지 뽕, 지렁이도 뽕 ―
길게 웃는 뽕밭에서...
나를 안아 주는 친구들이 있어
내 마음 그리로 간다

 (2024 07 27)

## 88. 돈나물 ... 이 상 록

꿩
날개 치는 소리에
겨울은 풀숲에 숨어 있다 놀라
도망쳐 갈 것이다

가마 타고
시집가는 이웃집 여인
복사꽃 피는 분홍빛 마음일까

먼 산에서
들려오는 멧비둘기 소리
님 부르는 소리로 들려 온다

한적한 들녘
나물 캐는 아낙네 이야기
우리 집 버드나무 가지 줄기 타고 흐른다

할머니
손길 따라 눈길 따라
돈나물
여기 저기서
나
여기 있어요
노래하고 다닌다
어머니가
만들어 주신 산나물 비빔밥
한 그릇 뚝 딱
푸른 잎 향기에서 할아버지
기침 소리가 들려 왔다

산
돌 틈에서
돈나물

작은 산
돌 틈에서 어머니 마음

돈나물에서
봄은 무르 익고 있었다

(2024 04 26)

## 89. 블랙 파티 　　　　　… 이 상 록

여름 햇살
창가에 다가와
이런저런 정겨운 이야기
오동나무 그늘 아래 머문다

계절이
바뀌면서
마음도 바뀌었나

그 한 사람
아차산을 넘지 못하고
저 멀리서 날 바라만 보고만 있을까

블랙 파티에서
머리 곱게 빗어 넘긴
눈 예쁘고 귀여운 그 한 사람 어디로 갔을까

바람 따라
강가로 갔을까
미국 캘리포니아로 갔을까

나를 두고
몇 번 바람처럼 스쳐 가
달 뜨고
밤 깊어
나에게 님으로 스쳐간 그 한 사람
소나무 눈길 따라
나그네 머무는 한계령 고운 단풍길 따라

머루 익어가
달빛 익어가

님을 향한
그리움 갈잎처럼 몰려온다

장한평
블랙 파티

내 마음
어둠 속에서
까맣도록 타고 있는데
붉은 불빛으로 솟아오르고 있는데…

그대여 —
아침 햇살로
천천히 다가와 다오

(2024 10 07)

## 90. 수평선　　　　　　… 이 상 록

노루 따라
먼 길 떠나신 어머니 아버지

나 학교 갔다 돌아와
마음 둘 곳 없어 냇가로 간다

작은 물고기 친구가 되고
모기 우거진
초가집 닭장 안에서
어미 닭과 이야기하며 살아간다

뒷산
계곡 바위틈에서 내어주는 물소리
작은 인심
산이 던져준 푸르름 마시며
고추잠자리
빙빙 도는 송아지 마을에서 병아리로 걷는다

봄 여름 가을
기차처럼 지나갔다

들에 핀 꽃
그림자 하나 남기지 않고 떠나가듯
먼 달 여행 가신
어머니 아버지
밤이 되면 부엉이 달빛으로 오신다

오늘
동네에서
제일 큰 미루나무에 오른다

미루나무에
매미 눈물 흘러
실개천에 이르고 강물로 흐르다
바다가 되었을까

말로만 듣던 저것
저 큰 물체가 바다였다
파도는 없고
가로 길게 누운 줄자

기찻길 따라
몸을 늘려가는 저것
어머니
아버지가 몰래 숨겨둔
저 수평선
그건 평정심이었을까
논, 밭을지나
할아버지가 키운 미루나무 꼭대기에 다시 올라
그리운 노래를 불러 본다
매미가 울다 빠진 실개천 물을 바라보며
나는 강물이 된다   바다가 된다
저것이 수평선이었구나
줄자로 내 마음을 긋는다
곱게 펴진 마음에서 작은 수액이 솟구쳐 오른다
새 수평선을 본다
(2024 08 08)

목차 ......

# 제 3부 ......................

The lady who used to
  walk almost every single day
   along the Ash avenue
      Flushing, Queens
  was a flower of a one man.

(*photoed in New Work 2003)

\* 장안동 뚝방을 걷다 만난 노신사
벚나무도 이렇게 크게
자라는 것을
미처 알지 못했다
나이가 많은 나무가 실하고
통통한 꽃을 피워
참 신기했다
고목 나무의 의지라고
해야 하나
인생을 살아본 산자의 후덕한 인심일까

(\*photoed by the poet on May 22 2025)

## 91. 우주 한 바퀴       ... 이 상 록

비가
오고 나서 날씨가
추락한 새가 되어 움츠리고 있다

산
날 오라 하지만
우선 내가 사는 마을 길부터
도시에서 차를 가지고
세월 싣고 다니다 보니 걷기가 금보다 무겁다

문을 열고
아침 시간에 나는 발길 가는 대로
바람이 가르쳐 주는 대로 동네 길을 이어가 본다
10월 가지에
감이 붉은 표정으로 날 유혹하고 있다
푸른 물감으로
얼굴 숨기고 살아온 감나무 열매
나 여기 있어요
하고 먼저 인사를 한다
시골 15세 소년 시절
너는 나의 친구였는데
여기 타향에서 널 다시 만나 다니
언덕을 오르다 잠시 쉬어 가는 자동차처럼
나도 멈추어 선다
심장이 뛴다
한 참
올려다보니 고향 감나무였다

나를
힘껏 끌어안는 것만 같았다
가지가 땅에 닿을 정도
어린 감나무에 내 주먹 만한 감 45개
날 내려다보고 있었다
눈 오는 날
창가에서 날아가는 새를 바라보며 홍시 차 한잔
님 생각 절로
감나무 가지 끝에...
푸른빛 홍시되어 흐르는 달콤한 맛
첫 키스
세월 따라 저 멀리
잊지 못해 오래된 시간들
안으로 안으로 녹아 내려갈 것이다
누군가
경전 읽는 소리
꽃 몇 송이의 향기가
비둘기 날개 타고 날아와 날 반겨 주고 있었다
거북이
걸음으로 동네 한 바퀴
물레방아 두 바퀴
구름길 따라
멀리 떠나신 어머니 찾아
나는
어느새 우주 속으로
긴 여행을 하고 있었다

(2024 10 23)

## 92. 여기 없다 ... 이 상 록

우리 마을
보고 싶어 찾아온
진달래 고개 넘어왔어요

개나리도
우리 집 뜰에서 놀고
있는 병아리 보러 왔어요

학교 갔다 돌아와
책가방 나무 뒤에 숨겨두고
뛰어가면 강아지 날따라 왔어요

아기 태양
반쯤 기어오를 때
산비탈에서 밭 갈고 계시는 저기 저 거룩한 분
어미소와 함께 밭을 갈고 계신다

땅속에 혹시
금덩어리라도...
열심히 땅을 파
어미 소 입가에서 흰 구름 같은 맑은
수박 까는 소리가 새어 나온다

기대치는 달라도
땅속에 무엇인가 있다고
믿고 땀 흘리는 아버지와 어미소
그 속에 흐르는 진실, 어제 핀
진달래 뿌리에서 찾다

서로 맘이 맞으니
화내는 일도, 싸울 일도 없이
눈빛으로
모든 것을 교환하는 두 농부
지금은 없다

나는
저 산을 바라보고 있는데
뻐꾸기 소리
비둘기 소리
듣고 있는데....

누가
훔쳐 갔을까
홀로, 뒤에 남겨진 그리움
밤하늘
별빛으로 흐른다

반딧불
쌍쌍이 여름밤을 흔들고 있는데...
나는
그 산의 바람 한 줄기
당나귀 등에
내가 쓴 시,
"초승달"을 실어 보낸다

2024  11  07   이 상 록

## 93. 상현달 ... 이상록

시를
쓰는 뽕나무
이 복잡한 도시에서 널 다시 만나 다니

단풍잎 구워내는
잠실벌 호숫가를 지나 빌딩 숲 사이로
담 타고 오르는 상현달을 본다

밤 깊어
별 깊어

가시 달린 하루의 노동을
주머니에 쓸어 담고 꿈에 본
호랑이 등에 올라타
잠실대교를 미끄러지듯 날아간다
하루 하루
내 존재의 의미를
내가 살아가는 의미를
일하는 기쁨과 길가에 버려진 시간을 주워 모아
글 쓰는 일에 써 ...

한때,
하루 한 끼는
물소리로 이어갔지
호빵 무럭무럭 새어 나오는
할미새 같은 얄미운 향기
눈빛으로만 채워갔지

저 하늘에
소망 담은 달빛 무지개
내 심지에 꽂고

술 한잔
막걸리 한잔
노래 한잔 못 마시고 모아둔 곳간
끝내 나는 그 곳간의 주인이 되지 못하고
미국으로 간 사연

어둠 속에서도
살아 있음에 감사했던 날들…
꿈틀대고 기어 나온 생각 몇 조각
아껴 두다
가끔
개미가 훔쳐
땅속에 묻히기도 했다

서러운
계절은 그렇게 시작됐고
다시 돌아와
나 혼자 서울 밤거리를 걷는다
하루 양식을 위해
사자같은 매복도 하고 황소처럼 일하기도 한다
찬 바람 맞으며 살아도
살아 있음—
그 한 단어에서 …
나의 신 앞에 거룩한 무릎을 꿇는다
많이 가져야
행복하다고 생각하는 사람들…
목표가 물질인가

나는
그런 대열에서
벗어나
어느 한적한 곳에서 달을 쳐다 본다

내 속에서
날마다 꽃이 핀다
가끔 눈도 내린다
신의 미소를 본다

빨갛게 핀
꽃 한 송이 앞에서

한 계절이 흘리고 간, 매미의 눈물 사연 앞에서
난
에던 사람이고 싶다

(*2024 10 25. 이 상 록 양양시인)

## 94. 살쾡이        ... 이 상 록

멧돼지 사는
마을에 호랑이가 살고
닭 우는 마을에 살쾡이가 숨어 산다

그 마을 소녀
희가 — 태어나던 해
해는 뜨고 달은 뜨지 않았다
모기도 날아와
가끔 엥 소리 내며
희—, 어디 있느냐고 벌침 같은 소리를 할 때마다
불같은 바람 불어와
물가로 소떼 몰 듯 몰고 간다
이런 마을에서
농사짓는 아버지 어머니
한숨의 물결이
높아져 중국 황하강이다

지난밤에도
수탉은 울지 않았다
날마다
어둠 속에서
어둠 갉아 먹는 녀석
소리도 형체도 흔적도 그림자도 먹어치우는
희대의 검객 —
언제까지
긴 공작 꼬리를 늘려 갈 것인가

노루가
보던 달 흔적 없고
단풍잎 떨어져 날아간 흔적 찾아봐 그런건가
하하하
내 웃음 터져 나와
그러나
산사에서 흘러나오는 조용한 소리에
나는 풀이요 이슬이요 별빛이다

낮달 피어 너를 본다
대나무 숲, 딱나무 가지 위에서 잠자고 있는
녀석, 너 삵이지
삵쾡이지
그렇지 사납다 쌍칼이다
그러나 나처럼
낮에 일하고 밤에 일하는 너
내일도
모래도 산 너머 진달래 보듯 너를 보면
님으로 피어나겠지
하하하...
아버지 어머니 웃음소리 듣고
봄이 왔어요
오랜만에 "원수를 사랑하라"
아들 잃은 손양원 목사님이 오셨나요
풀잎도 반기는 손양원 목사님
하느님 같은 마음
난, 양지쪽 얼음 녹는 소리를
듣는다
(2024 04 09)

## 95. 산 다람쥐 ... 이 상 록

학교 갔다 돌아와
아버지 마음 하나 떼어
주머니에 넣고 혼자 산언덕 넘어
방추골로 걸어 간다

가을이라
호젓한 산비탈에서
밤나무 몇 그루

봄
여름
못다한 말 알밤으로 익어
뚝 뚝...

길 숲에
말없이 드러누워 주인을 기다리는 알밤
사람은 없고
가끔 산 다람쥐가 와
알밤 먹지는 않고, 주워 모아 땅속에 묻는다
겨울이
온다는 것을 알고 있는가 보다
묻는 것이 아니라
숨겨두는 것
해외에서 돌아와 보니
아버지 묘소 양편에 밤나무가
하나씩 자라, 내 주먹만한 고마움을
떨어뜨려 주고 있었다

사람이
심지 않은 밤나무,
아마도 다람쥐가 심어준 것 같다
외롭지 말라고,
무덤에서 빨리 나오라고
아버지
혼자 일하는 것을
녀석이 밤나무에서 보다 정이 들었을까
낙엽 따라
먼 북극 호수 바람이 도둑같이 쳐들어오면
주인 행세 할텐데...
눈 쌓이고 바람 불어
소나무 날아가고
다람쥐 날아 갈텐데...
산길 돌아
언덕길 돌아
집으로 가는 길
뱀은 아버지 따라
아버지는 부엉이 따라
초승달 같은 맘으로 소 몰고 가셨다
다람쥐 생각
추석,
아버지는 없고
다람쥐 생각 —
그 산 언덕길에서 알밤처럼
떨어지고 있었다

(2024 12 21)

96. 대모산 매미                    ... 이 상 록

구름
지나간 자리에
밤하늘 별빛 송아지처럼 깜빡 거린다
밤새, 맴 맴 맴...
별 지우고 달 지워
어두운 이별 밧줄 타고 내려와
땅속에 묻힌다
눈 감고 산 7년
이제
천국의 날개를 달고 지상에서 겨우 14일
나무에서 노래하다 가는
너
그대여
이 밤
가시에 찔린 부엉이 울음이다
뜨거웠던 여름날도
바람에 시들어 허공을 떠돌다
길바닥에 눕는다
요란했던 밤도 그렇게...
멀리서 진돗개 짖어대는 소리
죽는 날까지 부끄럽지 않게 살았구나
공자도 맹자도 너만한
삶, 펼쳤을까

(2024 08 23 대모산 언덕길에서...)

## 97. 마지막 연휴 ... 이 상 록

추석 연휴가
돌담 사이에서 자라는 내추나무 열매처럼
빨갛게 익어 간다

산 넘어
이곳 서울에 와서
산지도
세월 닳아 이끼로 푸르다

나는
그런 세월
녹여 넓은 강물로 살아간다

영어는
뭐고 또 철학은 뭔가

한때
그런 것에 미치기도
지금은
살아 있는 나무뿌리에서 작은 숨만 좀 쉴 뿐
그런 학문과는 좀 먼 거리에 선 듯

연휴 마지막 날
밤하늘의 비, 사람이 뜸한 사이
길가에
잠시 차 세워 놓고 허리를 펴 본다

서랍 속
깊은 곳에 감춰 둔 작은 행복
한 조각이 찾아왔다

비는 그치고
차 유리에 남아 있는 빗방울
은하수처럼 가로등 등불에 젖어 반짝 빛을 쏘아대고 있다

내가
잘한 것도 없는데...
모두가 나를 응원하고 있는 것만 같았다

별이 되어
우리 동네 오라고
멀어져 가는 내 등 뒤에서
그렇게 축복해 주고 있는 것만 같았다

(2024 08 01)

## 98. 여름 장마                 ... 이 상 록

40일째
비가 오고 있다

칠흑같이
컴컴하고 바늘구멍 하나
볼 수 없는 하늘

100년 만에
처음 있는 일이라고 한다

새들조차
기분 나빠 못 살겠다고 아우성
그러기 제 욕심만 부리더니 한번 혼나봐야 제정신 차리지
아버지는 지나가는 길에 그렇게 툭 던지신다

벼잎만
무성하고 낟알이 여물지 않는다고
이웃집 아저씨도 땅이 꺼져라
한숨을 내 쉰다

아버지가
캐어온 감자
지게가 쓰러지면서 마당 여기저기
포복하며 굴러간다
와—
굵고 실하네
어머니의 탄사도 굴러 간다

자,
오늘은 감자 옹새미국 어머니가 선수치신다
아버지는
사랑방에 누워 계시고
나는 빗물로 감자 씻고
어머니와 형은 감자 깎고 누나와 여동생은
강판에 감자 갈고
그렇게 역할 분담
밀가루 반죽하듯
메추리알만 하게 뭉쳐
가마솥에 넣고 한 시간 끓인다
그런 후에
우리는 저녁
식사 파티를 갖게 되었다
삼발이
금성티브에서 긴급 뉴스가 쏟아진다
강원도
산사태가 나고
호남지역에서 강둑이 터져
가옥 수십 채가
물에 잠긴다 큰 어미소가 누런 흙물에 쓸려 내려간다
비는 여전히 오고 있다
하늘도 무심하시지
할머니가 살아 계셨더라면
그런 말씀 하셨을 텐데.....
두손 모아
싹싹 비는 할머니가 없어서
오늘도 비는 멈추지 않는가 보다

(2024 08 23)

## 99. 병원에 뜬 달       ... 이 상 록

어머니
병원에 누워 계신다고
저 달이 동산 위에 누워 있네요

이 가을
단풍 떨어지는 소리에도
아프시다는
어머니

아들
손자 며느리
다 온다는 소식에
벌떡 일어나 춤추고 있네요

어머니
손자 재롱 좀 보세요

하하 호호
어머니 웃음소리에
들국화도 웃고 있네요

고추 맛
톡 쏘는
가을 햇살에

몸도 따끔 맘도 따끔
얼어붙은 혹 덩어리도 따끔 따끔

끝내 —
모과나무 열매
쿵 — 떨어지는 소리
가방에
쓸어 담아
숯불에 던져 까맣게 태우고 나니

애들아,
나 다 나았다
내일 퇴원한다

어머니
말씀에 소나무 바위 숨겨둔 깊은 산
청수가 내 앞에서
흐른다

(2024 05 17)

## 100. 바느질 하는 여인 ... 이 상 록

어두움
부엉이 소리 타고 내려온다

저녁 달
앞마당 장작불 타는 소리에
옆집 삼룡이처럼 머리들고 떠오른다

하루의 노동이
몇 근이나 될까

가을 산
내려가는 나에게
단풍잎 같은 피로가 다가와

님 생각에
그런 잠 강을 넘고 산을 넘어가
아직
내 마음 푸르다

이런 시간에
혼자 바느질하는 여인,
한 땀 한 땀 뽑아
누구에게 선물하려는가

사내 맘은
미루나무 가지 타고
그대 목선으로 흐른다

명주사 끼고
흐르는 물 여기까지 왔구나
달빛에
빛나는 물빛 그대 눈가에도...

작은 물소리에도
밤은 익어 가는데...

도토리
떨어지 소리에도 그리움 익어가는데...

풀잎 잠든
먼 산사에서, 하얀 물살의 침묵 기도를 엿듣는다

(2024 07 12)

\* 찔레꽃

우리나라 어느 곳에가도
흔히 볼수 있는
야생꽃이다
어린 시절 시골에서는
길게 솟아오르는
연한 줄기를 뚝 꺾어 먹기도 했다

(\*photoed by the poet
on May 20 2025)

## 101. 눈이 큰 소녀 ... 이 상 록

그리움
시냇물 따라 흐르고 흘러
어느새 그 바다 해당화 되었네

파도를 보며
움켜진 세월 얼마였을까

가끔
갈매기 한 움큼
물고 와 떨어뜨려 주고 간 그리움
사르르
바람으로 자라
할미새 꼬리처럼 흔들며 나를 유혹한다
햇살 따갑게
찔러 댄 아픔 가시로 돋아
난, 오늘도 꿈속에서
바닷가 소녀가 살고있는 마을로
달팽이처럼 걸어간다
구름
스쳐 지나간 번개
아픔인가
그리움인가
사람들 멀리 떠나가
떠도는 이야기, 파도에 씻겨 나가고 있었다

(2024 08 29)

## 102. 혼자 사는 나무 ... 이 상 록

잊자 잊자
하면서도 잊지 못하고
해는 저
달 슬며시 날아 하늘 훔치면
난, 강가로 가
떠난 님 생각에 갈대숲 지나 벚나무 추억 줍는다
거북
강 잃고 나무에 오르다 거북등 되다
아기 손바닥 만한 잎새 하나
얼굴 내밀어 저쪽 저 저쪽을 가르킨다
나무 상처 송진 같은 눈물
세월이다
아픔이다
시리도록 떨리고 추운 계절이었을까
덫에 걸린 토끼 모양
무슨 사연 그리 매달고
검은 칼집 속에서
까맣게 타들어 간 흔적들
이젠 마른 진흙 바람으로 날아와 나팔꽃처럼 날 휘어 감는다
내 마음 한 조각
붓다 웃음으로 선물 해 볼까
나무에 새겨진 상처
아픔인지 그리움인지
날 제비 가로채 강가로 간다
아, 하늘이여

(2024 09 09)

## 103. 저기 보인다       ... 이 상 록

아침 바다
저 먼 도깨비 바다

어머니
어머니
어머니라 불러도 대답은 없고
파도만 친다

바닷속
소라 전복
마음에 두고
밥 한술 제대로 넘겼을까

고개 넘어
바닷가에 가신 어머니

출렁
거리는 저 바다
성계같은 노란 그리움
물 솟아 번쩍 어머니다

학교는
헛바퀴 도는
자동차가 되고
나는 어미 낙타 따라 바다로 간다
춤추는
저 욕심쟁이 저 상어 바다
이 돌쇠

주먹 한 방으로
분을 풀어 볼까

어머니는
그 바다에 해초

시간은 물에 빠져
어머니 무릎 위에 멈춰서고 내 혼뿔은
날아가
청개구리 사는
움막에 쳐박혀 산다
바다가 육지로 저 바다 마르면

버려진
가시밭에도
꽃 한 송이, 그리운 얼굴
하얀 손길 긴 그림자
저기,
어머니 보인다

(2024 07 26)

## 104. 춤 추는 바람 별       ... 이 상 록

산
능선을 타고
오월이 이어가는 손짓 푸르름

저
들판 풀 무리에 쏟아지는
솔바람

벌인가
나비인가
붉은 영혼으로
예술의 혼을 빚는 거룩한 사람들
비가 와도 눈이 와도

파도는
우리 마을 돌다 바다로 돌아간다

가을 단풍잎
여인네 속살처럼 고와

몸으로
눈빛으로
손끝에서 피어나는 진한 여운의 감촉
한 사람이 그리움이다

사랑도
예술도
도도히

흐르는
강물 되어 바다가 된다
예술이 된다

혼으로
빚어 날아오른 곡선 마디마디에

옛땅
여기서
영국 부두가
파도 소리가 맺힌다

왈츠
한 곡에 새가 된다
장한 벌에서
우리
모두는 예술인
영광의 불길 빛나 넓고 푸르게
풀잎
초원각에서 우리는 땀으로
맘으로 손으로
쥐어온 열정
한여름
은어의 몸짓으로
거룩한 예술의 물살을
가르고 있지요

(2024 07 22)

## 105. 두발의 총성 ... 이 상 록

뱀에
물린 여름이
지팡이 짚고 걸어오면서
저 산에 두발의 총성이 울렸다

생존 싸움인가
사랑 싸움인가

산에서
돌아와 모깃불에 둘러앉아 저녁 먹을 때
아들의 푸념
방추골 밭에 가보니
산타고 내려온 뱀, 밤나무 휘휘 감아,
나무 숨이나 제대로 쉬겠어요
초목이 자라고 있는데... 내일 낫 들고 가서
한바탕 하려고요
아니다
가만히 두어라
곡식을 물어뜯는 것도 아닌데...

아버지
불 혓바닥에서 쏟아진 대답
너무 뜨거워 한 발 후퇴할 수밖에...
산이고 들이고
녀석이 있는 곳에는
참나무든 소나무든 꼼짝 못하다니
물이 불을 제압하고
바윗돌도 뚫어내는 것을 보면

유연성의
위력을 어디다 비유할꼬
송아지 뛰듯 이리저리
제 맘대로 뛰며 살아가는 저 무법자 —
일도 안 하고
여기 뭐가 있나 저기 뭐가 있나
남의 집 뒤지며 설치는 녀석
저 음흉하고 음큼한 녀석을 좋아하는 건 순진한 토끼뿐
가난한 시절
시골에서 겨울 산에 들어가
칡 생으로 먹기도 하고 갈근을
쪼개 말리어 칡차로 끓여 먹기도 했다
어머니
며칠 전 읍내 갔다가
찬 바람맞아 감기로 뱀 잠을 잔다
아버지는
슬그머니 부엌에 들어가
갈근차를 짙게 끓여 어머니에게 한잔, 두잔
아침에 드시고
저녁 무렵 훌훌 털고 일어나는 어머니 —
이럴 수가
산에서 자라
어머니를 치료하는 녀석도 있구나
산으로 들로 헤집고 다니며
시퍼런 웃음 짓고 놀러만 다닌 줄 알았는데...
알고 보니
속이 꽉 찬 한의사 아들이었구나
어두 컴컴한 곳에서 외로이 아들 소식
그리워하고 계실 우리 아버지

병원
한번 못 가보고
사신 저 거룩한 산 사람
아버지,
모기에 뜯기고 송충이에 쏘이고
겨울바람에
집 날아가고 산 날아가도
혼자 버티신 아버지,
7, 8월 칡 줄은 뻗고 뻗어 우리 집까지 찾아와
아버지
아버지라
부르니 나팔꽃도 숨어 아버지라
부르네요

(2024 8 19)

목차 .........

# 제 4부 ...........................

### * 철지나 혼자 핀 장미

* 철지나 혼자 피어도
외롭지 않게 활짝 웃어주는 장미
가는 길 멈추어
너에게서
작고 긴 향기 하나 얻어간다
나도 너처럼 늘 웃는 사람이었으면
참 좋겠다

## 106. 오 계절　　　… 이 상 록

어둠
어디서 오는 걸까

날아다니며
어둠을 갉아 먹는 녀석들이 있다

눈에는
보이지 않고
소리만 보일 뿐

여름에 본
오동나무 잎에서
푸른 그림자가 사라지듯
은행나무도 변해가
검은 땅에 추억 하나 던져 놓고
홀연히
미련 없이 떠나간
내 사랑도 이런 것이었을까

벌레 먹은 나뭇잎
길바닥 송충이 외로움 숭숭
가면 또 오겠지
애써 마음을 펴 꽃씨를 뿌린다
가을밤 깊어
언덕 숲길에 찬 서리
벌써
사계절이 가고 오계절이 왔다

시골
사랑방
문 걸이에 어머니 비녀가 꽂혀있듯
봄 방학이 있듯
간이역이 있듯
오계절이 바위틈에서 새싹처럼 돋는다

활동을 멈춘
누에처럼 생각과 기를 모은다

우주를 뒤집어 쓴다
제집을 부수고 하늘로 날아오르는 누애의 생애

벌레 먹은 계절은
땅에 지고 꿈을 꾼 자 하늘을 연다
날개를 달아 주었다
시작과 끝은 같은 날개로 날아오르다 추락한 것뿐
만남과 이별도
아버지가 꼰 새끼줄처럼 한 길에서 논다
사랑방에 한 계절이
더 숨어 있다

(2024 12 28)

## 107. 수 평 선 　　　… 이 상 록

노루 따라
먼 길 떠나신 어머니 아버지

나 학교 갔다 돌아와
마음 둘 곳 없어 냇가로 간다

작은
물고기 친구가 되고
모기 우거진 초가집 닭장 안에서
어미닭과
이야기하며 살아간다

뒷산 계곡 돌 틈에서
내어주는 물소리 작은 인심

산이
던져준 푸른 인심 마시며
고추잠자리 빙빙 도는 칠레꽃 피는 마을에서
병아리로 걷는다

봄 여름 가을
기차처럼 지나갔다

들에 핀
꽃 그림자 하나 남기지 않고 먼 달 여행 가신
어머니 아버지
밤이 되면
부엉이 소리 타고 오신다
달빛으로 오신다

오늘
동네에서
제일 큰 미루나무에 오른다

미루나무에 매미 눈물
흘러 흘러
실개천에 이르고
강물로 흐르다 바다가 되었을까

말로만 듣던 저것
저 큰 물체가 바다였다

파도는 없고
가로누운 줄자
기찻길 따라 몸을 늘려가는 저것
저 수평선,
그건 평정심이었다

논, 밭을 지나
할아버지가 키운 미루나무 꼭대기에 다시 올라
그리운 노래를 불러 본다
매미 소리도 들린다
천둥소리에 그어진 어머니 마음
저 수평선이었을까 줄자로 내 마음을 긋는다
곱게 펴진 마음에서
작은 수액이 솟구쳐 오른다
새 수평선을 본다

(2024 07 08)

## 108. 대나무 숲에서    … 이 상 록

대나무 숲
하늘 찌르고 솟아 나온 딱나무에서
딱 그자
살쾡이 낮잠을 맛있게 먹고 있다

지난밤
아버지 몰래 닭장에 침투하고 도망친 녀석
달 피해
어머니 피해
엊그제도 바람처럼 왔다 간
너
그래도 되는 거니
나
거기 안 들어갔어요
아무 짓도 안 했어요
그런 소리 종이나무 딱나무 줄기 타고 전해온다
너
들어올 때마다 닭이 없어졌는데…
이것 봐
이래도 아니라구
감쪽같이 속이려면 이 깃털도 먹었어야지
알 팔아
닭 팔아
수업료 내야 하는데
다음 학기가 울고 있구나

(2024 10 13)

## 109. 마음 하나 던져보자 ... 이상록

원래
태양도 달도 별도
그 뿌리는 숯덩이 속에 감춰줘 살았다
보이는 것과 안 보이는 것, 우리는 그 사이에서 가끔 바보가 된다
하하하 하늘에서 웃고 있는 웃음 소리조차
알아듣지 못하는 바보
사람 뿐인가 보다
감춘다, 드러낸다 그 사이에서도 수양버들 춤추는
횟수만큼이나 우리는 잘못을 모르고 살아간다
내가 이상하게 행동해도
이상하게 생각하지 않는지도 모르겠다
신은 죽었다 그렇게 말하는 사람은 절벽에서 떨어져 한두 번은
죽어 본 사람일 것이다
선행도 그런 줄을 타고 흘러야 섬이 사는 바다에 이르는 법
악행도 파도 만큼이나 출렁 거린다
족제비 맘 담장 너머 닭장으로 흘러 들어가듯
세상은 반반으로 돌아간다
사람은 하늘도 땅도 아닐텐데...
눈 없이도 잘 살아가는 땅속 지렁이 등짝에서 반짝
꼬리에서 반짝
땅에서 별빛 하나 줍자 행복하나 줍자
빈 자리 —
모기 엥 — 소리에
달 떨어져 세상 어둠 깡통처럼 굴러가도
저 높은 곳에 마음 하나
던져 보자

(2024 11 21)

## 110. 혼자 사는 돌　　　… 이 상 록

길 없는 산
바람이 모여 사는 곳

큰 바윗돌
어디서 굴러 왔나
작은 돌 등에 타 누르고 있다

무거워 어쩌나
하루 이틀도 아니고

내 말은 굴러가
산에 박혀 자라고 있는데
작은 돌은 들은 척도 아니한다

천년 가고
천년 와도

작은 게 여전히 업고 있어
이젠
가라고 내칠 만도 한데
여전히 올려다보며 아무 일도 아닌 듯이…

좋아하면
큰 짐도 가벼운가 보다

(2024 09 12)

## 111. 연말 파티         ... 이 상 록

뉴욕 뉴욕
안개 가린 숲속에서
새들의 언어가 되어 버린지 15년
뉴욕 —
아니 물고기가 물고 갔을까
기억에서
가물 가물
또 한 해가 오리 따라 물속으로 들어가려고 하는군
12월 27일 —
나는 서울 장한평역 근처에서
미국식 연말 파티를 한껏 즐기고 있었다
사람들의 표정
별빛으로 빛나 천국은 땅에서도 펑펑 솟아나고
노래와 춤
벌겋게 익어가고 있을 무렵
예쁜 드레스 공주 같은 여인이 다가와 내 곁을 훔쳐보는 것
같았다
신사 체면에 손을 먼저 내밀기가 부끄러워 그냥 목석처럼…
여인의 눈빛, 왈츠 한 곡—
멀리 영국에서 날아온 한 곡조
음악 리듬에 따라 우리는 신킨스 부부처럼 흥겹게 멋진 춤을 추어갔다
미국 댄스파티 생활 11년 —
그것은 오늘 나에게 금빛을 안겨 준 셈
상대도 즐거웠는지 저녁 식사를 같이하자고 했다
홀 안이 넓은 현대식 공간에서 3~400백 명이 짝을 이루어 또 하나의
예술을 빚고 있었다 바다 파도의 물결 높이에 따라서
기분도 오르고 내리는 것일까

이어지는 릴레이 댄스에서
또 다른 여인의 가냘 푼 몸 사위와 휘어 감는 느낌에
나는 힘껏 발끝을 올려
발레 무용수처럼 높이 솟아 올랐다
그럴 때마다 난, 날고 있었고 천정을 뚫고 저 푸른 하늘로 높이
높이 날아가고 있었다
돌아오기 싫었다
아래로 내려다보기 싫었다
오르고 내리는 파도 물결 따라 몸도 맘도 흥겨워
우린 어느새
땀으로 느낌으로
나뭇가지에 오르내리는 생명수
파랗게 돋아나는
우리만의 뜨거운 새싹
"감정을 섞지 말라"는 어느 노 스승의 말이 참새처럼 다가와
내 발등을 쪼아대고 있었다
궁중 노래에 둥실, 왈츠 탱고 폭스 퀵스텝....
목화솜 구름같이 몽실 몽실 살찐 마음
뉴욕 유니버설 댄스 스튜디오의
친구들 Jennifer, Sophia, Nancy, Angela Gong, James, Young, Sunny
그리고 나를 지도해 준 Linda선생님, Martin & Julia 선생님,
어디선가 나를 지켜보는 것만 같았다
뜨거웠던 노을빛 시간들은 서서히 구름 속으로
내 영혼은 하늘 높이 높이 날아, 은하계로 가고 있었다
저녁 약속도 잊은 채...

(2024 12 29 서울 장안동애서...)

## 112. 산 딸기     ... 이 상 록

사슴 한 마리
우리 집 앞으로 달려와
딸기 익어가는 산으로 가자고 하네요

눈 없어
세수도 못하고
바람이 밀어주는 산길을 오른다
여기 저기
산딸기 붉은빛으로 익어
노래하고 있다
입술에 새겨진 알 수 없는 먼 슬픔 하나
첫 만남에
첫 키스까지
그런 상상에 취해
나는 오늘 산 사람이 되고 말았다
시간은
강물 흘러가듯 말 없어 먼 길 떠나는 여인의 숨결로
딸기 입술을 감싸고 돈다
아무도 없는 낯선 곳에서 혼자 붉은 사랑을
익히고 있는 산딸기
내게도
쪼갤만한 사랑이 남아 있는가 보다
첫사랑의 여운
나는 가끔 그곳이 그립다
딸기 입술 가진 여인이 더 그리운 것은
더 그리운 것은 ...

(2024  07  21)

## 113. 오동나무　　　　　　　... 이 상 록

비 오는 날
철길 옆에 서서 지나가는 기차 구경하는
오동나무
내 엉덩이보다 큰 푸른 미소
접시 듬뿍 담아
길게 퍼주며 히죽히죽 넓게 웃는 오동나무

모두가 덥다고
강으로 계곡으로 바다로 도망쳐 달아났건만
넌 언제나 그 자리
그늘을 만들어 주고 있었구나
초승달 질 때까지 손 흔들어 주고 있었구나

해 뜨면
해의 느낌으로
달 뜨면 달의 느낌으로
통기타 한 곡조
이별 가시에 눈물 한 곡조
세상 고달파 한의 한 곡조

그래도
어찌하랴
저 산 딱따구리를 보라
나보다 더 바쁜 나날을 보내지 않는가
오동나무 한 그루에서 먼 먼 아브라함의 기도 소리를
듣는다

(2024  08  13)

## 114. 까마귀 소리 　　　　　... 이 상 록

나뭇가지 사이로
화살 피해 날아오는 소리
날카롭다

쌓여가는
그 한의 뭉치, 내 머리 위에
떨어질까 봐 살며시 위로 쳐다본다

까마귀는
안보이고 소리만 보인다

먼 산이
고향일 텐데
먼 곳에 부모님 계실 텐데
그곳이 그리워 우는가 서러워 우는가

혹
님 찾는 그리움

까마귀 소리
오늘은 쏘쩍새 울음보다 아프다
독수리 날개보다 길다

끝내
돌에 부딪혀
검어지다

(2024  09 11 비 오는 어느 가을 초입에)

## 115. 아버지, 어디 있어요     ... 이 상 록

한평생
산길을 걸으시며 사신 아버지

가을은
깊어 가는데
토끼도 그리워 그 길 걸어가고 있는데 ...

나는
그곳에 가지 못하고
멀리서 맘으로
물든 단풍잎 하나에 아버지라고 써 본다

일어,
어디루
소 몰고 세월 따라가신 아버지

그 산 소나무
아직도 송홧가루 날리고 있는데
작은 시냇가에 흐르는 물 아직도 속삭이고 있는데

아버지
어디에 계시나요
방추골 아기 호수도
아버지를 기다리고 있어요

곁에 서 있는
밤나무도 아버지 생각
밤에도
밤을 익히며 아들 맘 떨어뜨리고 있지요
타다 남은 소리
쁘듯 쁘듯 쁘드드 ...
다 타고 없어도

영혼은
남아 새가 되나 보다
아버지 찾아
그리운 고향 찾아
난
그 땅의 불길로 솟다 지쳐버린 마른 풀잎
그 산 무덤가
뿔난 모기 소리도 좋다
스쳐
지나가는 뱀 소리도 좋다
아버지
그곳에 계시니
나는 풀잎으로 감싸련다
내 마음
산에 묻혀
모기에 물린
갈잎으로 이밤, 하늘을 떠돈다

(2024  11  15)

## 116. 달빛 푸르다 ... 이 상 록

포토맥
강가에서 날아와
들려주고 간 물새들의 이야기

딸아,
아들아
네 어머니
그리워하지 말고
네 아버지
그리워하지 말고
들에 핀
꽃 한 송이를 보라 아, 예쁘다
길가에 떨어진 종이 한 장을 보라
아, 내가 쓴 편지 여기있네
그런 마음
늘 주머니에 넣고 다녀라
인생 어디 좋은 날만 있으랴
부엉이 우는 소리에
시 한 수
꾀꼬리 노래따라 노래 한 곡조
저 강가 물새들의 이야기 가사 한 곡조
오늘은 모두
미시시피 호수로 날아가 밤 노래를 부르자
님의 이름을 불러 보자
거기에 푸른 달이
뜬다

(2024 06 19)

## 117. 빨간 인연     ... 이 상 록

바람에
10월은 마르고
아침에 핀, 한 하늘이
비둘기 날개 타고 내려앉는다

내가
서 있는 곳에
가끔
바다 갈매기 떨어뜨리고 간
갈색 편지에서 잊혀진 님의 목소리 들려 온다

저 먼 수평선
황소처럼 일하다 돌아오는 나에게
노새가
이끄는 마차 뒷바퀴 마찰음

다가올
사랑 앞에서
철길 옥수수밭 거미줄에 걸린 나방의 신음 소리인가

먼 가르다
강가 물 길이만큼
흐르고 흐른 긴 아픔의 시간들
찢겨진 날들
노동에서 흘린 땀으로 깨끗이 씻어 내리라
차돌 같은 다짐도
님 떠난 길에서는 희미한 안개일 뿐
난
오늘도 어둠 속에서
사과나무 열매를
딴다

나무 위로
기어오르는 벌레 같은
길 없는 산길, 토끼처럼 헤매고
다녔던 지난 시절

이제
솔 향기
별빛 물고 내 얼굴 스쳐간다
계절은
나뭇가지에서 피고
들 바람에
춤추는 어느 푸른 나그네 길모퉁이에서
나,
10월 하늘에서 내려온
들장미
한 송이를 들여다 본다
외롭게
피어 고고하다
혼자 피어도 의연하다
아침 햇살이다
나비
날아 온 길따라 산넘어 왔을까
안개 몰아내고
혼자 핀 들장미 한 송이
오늘 만날 여인의 예고편 일까
봄날은
산에서 지고 여름은 강가에서 지다
철 지난
가을산 진달래
첫 만남
몇 시간 앞두고
내 마음 빨갛다 노랗다
수액처럼 흐른다

(2024 10 08)

## 118. 광천수 ... 이상록

저녁 만찬,
물 한잔은 소문으로만 듣던 광천수
그곳에 흐르는 언어
사람의 소리인가 신의 소리인가
구름 사이로 하늘에 숨어 있는 비밀이 새어 나오는 곳
보이는 것은 다 허상이요
보이지 않는 것은 다 실상이라
작은 산 위에 펼쳐진 성지, 그곳은 모두가 광채로 ...
그런 소문에, 놀랍다, 가 보자
불로수—
새 예루살렘—
하늘의 뜻 따라 수억 년 달려온 물길, 하늘 터전
하늘나라 여기 있다, 저기 있다
저 소나무 가지에 앉아 휘파람 부는 휘파람새
그 산의 주인인 듯
산 아래 초목은 여전히 푸르게 웃고만 있어
그 깊은 속뜻 알 수 없어
나도 그곳에 가 보련다
아는 자 보다, 믿는 자가 더 복되도다
하늘에서 떨어지는 소리
우수수 ...
나 혼자 다 주어 담을 수 없어 이웃에 소문은 낸다
마차도 간다 망아지도 간다
그곳에 이르면
땅에서 솟아 하늘에서 내려지는 은총
아, 눈부시다
광천수—
(2024 10 29 이상록)

## 119. 혼자 뜬 달 ... 이상록

사슴이 넘어간 산길 따라
   어둠 헤치고 나는 가야만 했다
     그곳에 부모님 계신 것도 아닌데…
        사랑하는 님. 기다리고 있는 것도 아닌데…

나는 그리로 비에 젖은 검고 음산한
   귀신 들린 나무 사이로 지금 가고 있다

북쪽 마을, 북쪽이 삼켜 늘어진
   뱀 길에서 경계병 총소리가 내 흉부를 스쳐 지나갔다
     영혼도 파편처럼 부서져 땅에 뒹굴어

한 참지나 눈을 떠 보니
   저기 저곳 바위 틈새에서
     돈나물 캐는 어머니 웃음소리

안도하며 돌아오는 길에
   혼자 뜬 달 —
     아, 그 속에서 웃고 있는 한 사람
       어 머 니 —
     달이 저렇게 밝은 것은
   어머니 웃음이
더해졌기 때문일 것이다
나도 그 누구의 웃음이었으면 좋겠다

(2025 04 20)

## 120. 아침 태양       ...    이 상 록

작은 실개천에도
　개미가 물어온 봄소식이 흐른다
　　생명이란 이름으로
　　　오늘도 그늘진 곳에서 꿈틀대며 흐느끼는
　　땅의 정령들―
　꽃이 아니면 어떠랴
벌, 나비가 아니면 어떠랴
　푸른 산 아래, 푸른 나무
　　그 하나만으로도 얼마나 장엄하고 박진가
　　　아름답다고 하는 것도
　　며칠 지나고 나면 물방아 물그림자
　한 많은 세상 ―
흐르는 강물에 물새가 되어 보자
　가끔, 하늘을 보자
　　별이 저렇게 반짝이고 있지 않는가
　하루살이도 저렇게 반짝이고 있지 않는가
우리는 이 땅의 주인
　　우리가 떠나면 누가 이 강산을 지키리오
　　　삶이란 강물 같은 것
　　　　가난도 고통도, 부한 것도 행복한 것도
　　　　바다에 이르면 다 같은 것을...
　　　　노하지 말자 비난하지 말자
　　　자책하지 말자
　　아침 태양처럼 떠오르자
　꿈을 싣고, 뜻을 품고
　소망을 싣고 깊이깊이 높이높이 날아 오르자
　　　　**날려고 하는 자, 날 것이다**
　　　　　　(2025 04 23)

목차 ……

# 제 5부 …………………

* 미국 뉴욕
  애쉬 애번뉴의 추억

뉴욕 퀸스 애쉬 애번뉴
교회가 보여
마치 미국이 여기 있는 듯한 느낌
2000년 12월 23일 미국으로 가서
살던 마을
(*Ash Avenue 7, Queens, NY)

\* Since the beginning period of 1990
I have enjoyed dancing Jitterbug, Blues,
Jive, Tango in Seoul.
I went alone to the USA
on December 23, 2000.
Luckily I happened to meet a great champion
teacher at Universal Dance Studio
sited on Main Street, Flushing, Queens NY.
It was a big fortune for me. Almost 11
years I had spent time with him and his
students mainly from Monday to Friday after 7p.m.
Most people have practiced learning 10 international
dances ; Latin 5 and Modern 5 for competition.
All of the moment I experienced in New
York has been making me happier and
more plentiful until now.
I am a lucky man.

(\*여기는 서울 장한평역 근처에
소재한 불랙플입니다
영국에서 이사 온 듯)

# 부록편 .....................

## 1. 수필 이란 ......

**맘**가는 대로, **붓**가는 대로
글을 쓰는 것을 의미한다
형식에 얽매이지 않고 자유롭게 자기가 보고 느낀 것을
주관적으로 글을 나열해 가는
문학의 한 형태이다
모든 글이 다 그러하듯
글 속에는 작가만의 독특한 묘사, 향기, 힘, 스토리, 주제,
참신성, 독창성, 유머, 경구, 기교, 운율, 감동,
체험.... 등이 어울어져
독자의 마음에 감동을 줄 때 그 글은 더욱 큰 빛을
발하게 될 것이다
글을 매일 쓰는 버릇을 갖는게 중요하다고 본다
요즘에 카톡으로 문자 보내고
안부를 묻는 세상이
되었으니 얼마나 행복한 일인가
우표도 필요 없고 지우개도 필요 없는 공간에서 마음껏
자유롭게 내 생각 내 사상을 펼칠 수 있다
그야말로 Paradise이다 그럼에도 불구하고 남이 써 놓은 글이나
사진을 친구에게 보내는 것은 성의가 없어 보이고
예의도 아니다 당장 편할지는 몰라도 내내 이런 식이라면
내 필력에 아무런 도움이 되지 않는다
이런 점에서 재학중인 학생은 꼭 자력으로 글 쓰는 연습을
꾸준히 하기를 바란다 (Slow but steady.)

## 2. 수필 엿보기 ...

### * 수필1 ........................................................

**— 1. 어느 가을날에 —**　　　　..... 이상록

20때 총각 시절, 서울에서
추석명절 시골에 아버지 뵈러 갔다가
돌아오는 길에 양평에서 잠시 쉴 겸 커피숍에 들렸다.

거기서 일하는 한 여성이 아름답고 예뻐 보였다
내 테이블에 커피잔이 놓여지고 그 앞 작은 바구니 안에
휴대용 성냥이 몇개 들어 있었다
그 성냥 케이스에는 전화번호가 새겨져 있어 아가씨에게 물어보지도
않고 그냥 하나 주머니에 넣고 돌아왔다

며칠 후, 퇴근을 하면서 그 성냥에 들어 있는 전화를 보고
전화를 걸어 봤다
혹시 그 예쁜 아가씨가 받으면 그리로 달려가고 싶은 마음에서...
가슴은 이미 설레이고 있었다
여보세요
여보세요
여성의 음성이 들여왔다
거기 커피숍 맞지요
네, 맞아요
그럼 몇 시까지 계시죠
밤 2~3시 까지도 있어요
아, 그래요

여기 서울에서
출발하면 그곳에 11시에는 도착 할 수있어요
서울이세요? 오세요
시간 충분하네요
예, 감사합니다
전화를 끊고 나서 ... 야, 이겐 웬 떡이냐
꿀 떡일까 찰떡일까
그렇게 제멋대로 상상하면서 2시간을 달려간 것 같다

긴 호흡을 가다듬고
강변 한번 쭉 훑터보고 늦은 밤에도
그곳 커피숍은 불이 켜져 있었다 지나가는 관광객들로 반은 차 있었다
들어가기가 좀 낯설어 전화를 한 번 더 걸어 보고 싶었다
여보세요. 여보세요
그 여자분의 음성이 들려왔다
저기요 저, 지금 커피숖 앞에까지 왔어요
들어가면 같이 대화할 수 있을까요
뭐라구요? 여기는 00 모텔인데요
뭐라구요? 이번에 내가 놀라 강물에 빠질 지경이었다
어찌된 일인가
전화를 끊고 그 커피숍으로 들어가 보았지만
그 예쁜 아가씨는 보이지 않았다
아차, 내가 큰 실수를 했구나
자세히 알아보지도 않고, 무턱대고 찾아온 내가 원망스러웠다
내가 이렇게 어리석은 사람인지 그때서야 처음 알았다
바보짓 했지만 가을 낙엽 벌젛게 익어가면
그때 그 커피숍에서 일어난 일들이
가을 단풍처럼 내 가슴에서
가끔 떨어지고 있었다
(2025 06 13 서울에서... 이상록 시인)

## 2. 냇가에 핀 작은 교회 －    ..... 이상록

학교 가방 메고
떠나가기가 무섭게 아버지 또 나를 부른다 상록아,
예, 아버지
학교 갔다 돌아와 방추골 밭가는 데 와서 심부름 좀 해라
예, 아버지
그렇게 할게요
아버지는 언제나 그런 식이었다

공부해라 공부했니 숙제했니....

공부에 관한 질문은 한 번도 들어 본적이 없다
아버지 속뜻을 모른 나는 언나 예스맨이었다
그래서 학교 운동장에서 토,일 어느 하루도 친구들과 함께 놀아 본적도 없고
함께 공을 차 본적이 없는 ...
어떻게 보면 지독한 왕따 생활을 한 것이다

아버지 일을 돕다 보니 하는 일은 늘
밭에서 잡초 풀 뽑고, 감자 심고 캐고, 닭 모이주랴, 소 풀 베어오랴,
돼지 먹이주랴, 고추 심고 고추따기, 콩심기, 옥수수 심기,
감나무 감따기...
논에 들어가 거머리 피 빨아 먹어도 볏단 나르기,
실어 오기, 산에 가서 나무하기, 실어 오기 ...등 일은 한도 끝도 없었다
그러니 학교 공부는 꿈에도 생각할 수 없는 노릇...
그렇게 가혹한 농부는 아들을 마구 부려 먹고 초등학교 졸업하자 남들은 다
이웃 중학교에 들어 갔는데,
나만 못 들어가게 막았고 또 아버지 밑에서 힘든 농사일을 하게 되었다
내 친구 동창생들은 운동장에서 공차고 있는데...
뛰어 놀고 있는데...

나는 산에서 땔감 나무하고
등에 지고 산 넘고 넘어, 마을 고개 위에 서면, 몸에서 흐르는 땀은
비 오듯 했다 잠시 쉬어, 마을을 내려다 보면서,
신세타령—

왜, 나만 여기서 이 힘든 일을 하고 있나
학교 반 친구들은 저렇게 한가히 공부도 하고 놀기도 하는데....
나는 왜 여기 혼자서 이렇게 힘든 일을 하며 보내야 하는가
어쩌다 시간이 나면, 나는 조그마한 냇가에 홀로 서 있는 나와 비슷한 처지의
외롭고 작은 감리교회에 나가 노래도 배우고 찬송도 부르고 전도사님 말씀도
들으며, 내 처지를 작은 기도로 위안 삼으며 지내기 시작했다

어쩌다 길에서 저 멀리 동창생을 보기나 하면 부끄러워 풀숲에 숨기도 하고
바위 뒤에 숨어 기다리다, 다 지나가면 슬그머니 일어나 내 길을 가기가 일쑤
였다 그렇게 혹독한 농사 일하며 아들 13세 소년은 아버지 말씀에 한 번도
반항하거나 거부한 일없이 충성을 다하고, 가끔 나무 등에 지고 마을 고갯마
루에 서면 눈물을 많이 흘리곤 했다

아버지의 뜻대로
1년 농사를 지었고,
중학교는 꿈에도 갈 수가 없었는데...
아버지로부터 돈 받아 본 기억이 한 번도 나지 않는데 ...

그런데, 난 나도 모르는 사이, 중, 고, 대학
그것도 모자라 미국 유학까지 했으니...
이게 어찌된 일인가
가장 외진 산골 아이가
국내에서 가장 번화한 서울 광화문 네거리 근처에서 일하게 되었고
그 후 13년, 세계에서 가장 번화한 뉴욕 한복판에서 11년 살다 왔으니 이게
또 어찌된 일인가

나는 뒤늦게 알게 된 사실,
아하, 하나님이 나와 함께 하셨구나
나를 도와주고 계셨구나

어머니 일찍 여의고
아버지 홀로 계시니 하늘 영의 아버지가 아브라함을 찾아갔던 것처럼
내게도 찾아 오셨구나

사실,
나는 학교 다닌 것 같지 않은데…
다녔다고 말 하고 싶지도 않은데…

반 친구가 있고
다닌 성적표가 있으니
어찌 이를 부인할 수 있으랴

어린 나이에 무슨 기도를 했을까
어쩌면 산 마루에서 홀로 뜨겁게 아프게 눈물 흘리는 모습을
하늘에서 하나님이 가끔 내려다보신 것 같다

## "네 눈물을 보았노라"

나 같은 하찮은 농부의 아들이
어떻게 지금의 모습으로 성장할 수 있었으랴
육신의 아버지는 공부 결사반대하였고, 어머니는 아주 먼 곳에
가셔서 안 계시고 누가 나를 도와 주랴
불가능한 환경에서도 나는 일련의 과정을
나도 모르는 사이 다 마치고, 지금은 거기에 복을 더하여,
하나님이 시인이 되게 해 주셨다

평소 글 쓰기를 많이 한 것도 어찌보면 이런 성스런 자리로 올려 주시려고
하나님이 미리 나를 훈련 시켜 주신 것으로 여겨진다
참으로 신기하고 기묘하여

나 자신도 놀라울 뿐이다
그저 하늘의 신 여호와 나의 아버지, 하나님께 감사하고
감사할 따름이다

강원도 양양군 현북면 상광정리 샘제산 마을에서
평생 들로 산으로 논밭으로 돌아다니며 농사일만 하고 살 줄 알았는데...
멀리 미국 유학까지 보내 주시고 모든 것을 어려움 없이
다 해 낼 수 있도록 도와주어 세계 어디 가도 당당한 지식인 이상록,
시의 영역에서 글을 쓸 수 있는 능력 주신 영의 아버지, 세상을 말씀으로
창조하신 하나님 아버지께 무한 감사 올릴 뿐이다

홍수가 나면 쓸려 내려갈 그런 하천에 홀로 서 있는
우리 마을 작은 감리교회(광정교회), 나만큼이나 아슬아슬한 삶의 역경속에
서도 실패하지 아니하고 아직도 살아남아 있는 것은 하늘의 신, 나의 신
하나님이 도와주셨기에 가능한 일임을 나는 이제야 알게 되었다

나의 어린 시절 친구가 되어준 고마운 교회, 광정교회 찾아가
뒷자리 쪼그리고 앉아서 예배를 드리고 싶다
먼 옛날 나를 위로해 주고 달래준 사랑이 넘치는 그 교회에서 나는 뜨거운
눈물을 흘리고 싶다 김경옥 전도사님,
마을 성도들 앞에서 말 대신 하염없이 눈물을 흘리고 싶다

국내에서 가장 작은 교회에서 자란 아이가,
세계에서 가장 크고 번화한 미국 뉴욕시에서 11년을 살면서,
거기서도 시인이 될뻔한 경험,

타국 일가친척 하나 없어도 잘 지내다
국내에 돌아오게 된 것도, 다 하나님이 계셨기에 가능한 것이었다
학교 다니면서
12권의 영어 회화책을 지은 것은 나의 큰 자랑으로 여기고 싶다
뭐 하나 잘난 것 없는 시골 촌아이가 이렇게 성공한 삶을 살 수 있었던 것은 아마도 아마도...

산마루에서 눈물 흘리는 나를,
저 높은 하늘에 계시는 여호와 하나님이 날 지켜보았을 것이다
내려와 내 손 잡아 주었을 것이다
함께 눈물 흘렸을 것이다
안아 주었을 것이다
그리고

*"네 눈물을 보았노라"*

50년 지나서야 하나님 음성을 듣는다
그 말씀 하나 때문에 나는 오늘의 내가 되었고
아주 아주 중요한 변화 속에서 바쁘고 뜻있는 삶을 살아 가
냇가에 핀 작은 교회, 광정교회가 아직도 살아있듯
나도 살아 있음을 느낀다

내 삶을 변화시켜준 영의 하나님, 여호와
아버지께 무한 감사를... 냇가에 홀로 핀 그 작은 교회를 찾아가
말없이, 뜨거운 눈물로 대신하고 싶다

(2025 06 25)

* 수필 2 (영문) ..........................................

== 뉴욕 키시나공원에서... 저자 이상록 ==

## 1) How did you feel?

* Writer: Ellmorn Lee (이 상록)

We went to the Rose Club on Main Street with our close friends a couple of days ago. A handsome waiter welcomed and led us into the small cozy room. We ordered five beers and two rums with fruit salads. For nearly 2 hours we were spending a joyful time drinking and singing. Meanwhile, Tom walked into the men's room half-drunken.

When he was doing his job, a beautiful lady came in but she hurried out screaming in a surprised look.

Tom couldn't totally know why she was scared of him and ran away. However, he soon began to think something was wrong with him. So Tom looked up at the sign on the door in the corridor. It said "Women's Room." Have you ever experienced like that?

If yes, how did you feel?

(Written by Ellmorn 이 상 록, New York, October 25, 2010)

## 2) If I'm elected the President of Korea,

If I'm the president of Korea, I'd like to commit myself to doing the services that all of the people desire and hope.

First of all, I'll put focus on managing the economy policy fairly and equally so that all the people in this country can live more comfortable and more secure. Secondly, we should protect our country from the enemy. Unfortunately, we've been divided into North and South Korea over fifty years. This is our big grief and tragedy. We must keep our country stronger and more powerful not to be attacked by enemies.

I love peace. I love this country. I love all of the people in this country. Therefore, we do not attack first, but we do not allow any terror or war from enemies in order to keep peace and people's lives. Thirdly, I'd like to do work more for the people in need. The weak and homeless must be properly supported by the government. I'll strongly promise it to you all. We should take care of each other. We should help each other. We should be united in one. This is extremely important to us.

·················· (omitted some parts of speech contents)

Let's go on and on forward to the hopeful future with hand in hand to be a one nation which is the most powerful and the most advanced on earth.

(Written by Ellmorn 이 상 록, New York on November 2010)

## 3) My Childhood    *Writer: Ellmorn Lee

I was born and raised in a small village very near the East Sea which was sited in the eastern part of Korea when I was young. There were a lot of mountains big and small behind our house, and a large field for vegetables and crops before it. My parents were farmers, who worked on the farm all day long and they sometimes needed me to help them with households and domestic animals - 30 hens, a rooster, a cow, two rabbits, and a pig. In the primary school days I should always take care of them all after school instead of hanging out with some friends. But I loved doing that because they all welcomed me at all times every time I brought something to eat for them.

In summer days I used to walk to waters in order to catch fish for hens and a rooster. They liked so much to eat fish alive that I couldn't help going there. One of the things that made me the happiest was to see that
about 30 hens were laying eggs in their nestles. It was likely that they always called or sought me by making sound like showing a sign of hunger as soon as they laid eggs. My mother would go to the town called Yangyang that was 12 km away from my village to sell the eggs once a week.

Sometimes I wanted to eat some fried eggs or boiled but I could not ask or talk my mother about it. Because I thought that it would be much better to sell them and save money in the bank than to eat some. We lived so poor that I couldn't remember to touch money or keep it in my pocket in the childhood.
But I had liked to buy and eat some iced bars in a very small shop which was just one in our village.

And I couldn't also remember wearing a nice sneaker for soccer or the black rubber shoes that were totally comfortable and safe enough to protect me from the terrible snakes. Luckily I was not bitten by them in summer even though I met several times in the mountains and fields. Snakes are one of the most unfavorable to me. Most of them did not attack us in advance if they were not bothered or harassed.

In those days I loved best the female pig that lived alone in the fence. She moved to our family when she was a baby. She was really cute and generous. Whenever I felt lonely I used to jump the fence to meet her in den. She liked very much to be scratched by me with a small piece of wooden stuff. She also loved to eat vegetables, turnips, fish, fruits, baked
potatoes, and rice water.
After she grew for two years we departed from each other.
The moment I was watching her to be pulled and moved somewhere unknown made me the unhappiest and the most saddened.
For a few days after that I could not do anything, even eating and sleeping. I think I have been very sensitive and emotional since childhood. Actually many people raise cats and dogs as their pets and most of them love the pets and think them as members of their family. While I was raising the mother pig, I felt that she was so smart and domicile. I personally insist that all animals we are raising now must not be killed for any reasons. They also can be a good friend of us.
Therefore I think that it's a bad thing for us to kill them only for foods. Almost all countries will have their law and regulations that ban animals from being killed or smuggled without permission from their government. If I could have the power that actually rules and commands all of the countries on earth, I would make law that people could not kill any of animals.
(*Written by Ellmorn 이 상 록, New York on Oct. 2010)

# 4) Halloween Day in America

— * Writer: Ellmorn Lee —

It was gradually getting colder and colder in the morning and in the evening. The last day of October is called "Halloween Day" in America. I was reading a book from 9 to 5 on my computer on the desk in my room. Suddenly it occurred to me that I was supposed to meet a man in Lawrence T. Park near the Flushing Hospital Medical Center. So I got dressed very quickly and hurried there with a black bag which contained a digital camera, some pieces of bread, and a couple of sheets of my writings.

On my way, I happened to meet some kids and their parents who were wearing funny and weird masks and passed without saying a word. But I was so desperate to take a picture with them and came close to the direction they were walking. "Excuse me sir, would you please take a picture of me with your group?" A man of the group answered

"Sure I will." I was very happy thinking that I could see the pictures and remember this special day even though I returned to my home country Korea later. Again I walked to the place where we promised to meet yesterday. I could reach there five minutes ahead. The park was extremely tiny, so I did not consider it a park. But it had the name called Lawrence Triangle Park between 45$^{th}$Avenueand Parsons Boulevard.

I was sitting on the bench and waiting for him over thirty minutes, but he did not show up in the end. This park was a fifteen minute-walk from my apartment on Ash Avenue. There were heavy winds that evening ,and I felt chilly enough not to stand any longer. What happened to him?

I was mixed in several thoughts about him.
Instead of returning home I desired to go somewhere to abate the bad mood and finally happened to find a small bar on Union Street. As a matter of fact, I did not know about it. As I was getting closer to the store, I was very full of the curiosity of its new experience.

For a few minutes in the doorway I hesitated before entering. Tens of people sitting on the chairs were talking merrily and watching football or baseball games on TV. I had a seat in front of the long counter and ordered a beer. There were so many kinds of wines on the shelves I did not know.

I asked the bar tender "Can I see the rum appear in the novel "Treasure Island." In fact, I had wanted to know long before what it looked like and what it tasted like. Luckily, I could buy just one cup of it to only get taste at the cost of five dollars. The rum was very wonderful in both taste and look as much as I expected. The moment I felt that I seemed to have solved a big problem in math class.

A few minutes later a gentleman went into and sat beside me, so I could ask him about English that I had been curious a bit. He was very polite to me every time he answered my questions. Actually I was not much more interested in drinking a beer than asking him and receiving answers.
Anyway I had a joyful and useful time with him there for two hours and left him leaving "thank you very much for your kind answer" and "I hope to see you here again soon."
The beer shop was totally a nice place to share talk with neighbors who came from various countries. One of the biggest harvests that I earned from him was just that it would be better to say "thank you Barbara (teacher's name) than Thank you Ms. or Thank you ma'am" if you know your teacher's name.
(Written by Ellmorn 이 상 록, New York on October 31, 2010)

◆Halloween Day (Oct. 31, 2010)

◆Near Lawrence T. Park

# 5) A Famer and a Cow

*Writer: Ellmorn Lee

There was a poor farmer in a small village southern part of Korea. He was very old, but he always worked with his cow in the field on hillsides almost every day.

His house was in an isolate area of the mountain very far away from the village, and nobody lived there around his residence area except his old wife and the cow.

There was no electric power established in his house, and he always used some candles in the nighttime.

He was born and raised in a tiny village, Korea. Any school education was no given to him. However, he had two sons and two daughters. After they grew up, they all left him to go to busy cities for a better life and more happiness with marriage.

The only friend to him was just the cow working together in the field. Many years passed so the cow became a mother of the five cows. The mother cow always obeyed her feeder and walked with him every time they went to work or walk back home.

When the old man was working with the cow, he used to tell her like"wawa" (means stop right now), "iller" (Let's go.). It would be very hard for any cow to work with a farmer on the farm without receiving any training or education for work.

The domicile mother cow gave birth to a baby almost year after year.

So, the farmer could send his two sons and two daughters to the college. One of the two sons became a professor and the other a medical doctor.

The two daughters became a high school teacher and a police officer. Many seasons and years passed away like winds. The age of the mother cow became twenty five. A vet says that cows can live up to thirty years in maximum.
When the mother cow's age was twenty five, the farmer's age was eighty one, he always said that he will not sell her to any person as long as he lives, and he will bury her under the ground if she dies before him. Unluckily, a one sunny May afternoon the poor farmer died of heart attack from working with the cow in the field.

Then, the cow soon realized that the famer died, she returned home in a hurry as if she notified this fact to his wife. The wife was so surprised to see only the cow without her husband. She thought "something's wrong." Very quickly after that she ran fast to the field where the farmer always worked.
When she arrived there, her husband was already dead. She noticed this to the elders of the village and many people were saddened. At last the farmer was buried peacefully in a sunny site on the quiet hill not far away from his house.
After the funeral, all of a sudden the mother cow tried to eat nothing. So the wife boiled lots of beans that she liked, and then she gave them to her, but she did not eat.

There was no way to allure her to eat something. She finally died in just ten days exactly after the farmer died. The old mother cow's death impressed and touched almost all the people in Korea as well as in the village.

The mother cow was buried beside the farmer's grave and the villagers built a monument on the hill in memory of her loyal death.

Even though it is an animal, in case it is truly and heartily loved by somebody, it seems to be a man. The loyal death is not a death, but only a commencement of another life.

(Written by Ellmorn 이상록 New York, November 8, 2010)

## ◆In the Field

* Two horses are working
 in the field
 like Cows and Oxen in Korea.

# 6) The Sea and I

*Writer: Ellmorn Lee(이상록)

The village I was born and raised in was a tiny and beautiful one nearly unknown in Korea, which had huge mountains, sea, and brooks. There were 12 persimmon trees standing in a line in front of our house.
I heard that they were planted by my grandfather, who passed away at the age of eighty three at the first year I was born.

During the fall, I used to enjoy climbing up and down the trees to pick well-ripened red persimmons as soon as I was back home from elementary school. I had to pick the fruits off the trees, because my parents were pretty much busy doing their work.
The branches of the trees were so weak that I could break them with a long bamboo bar which had the shape of a letter "V" at the end. A little technique was needed to do that effectively.

I was very skilled at it. A well-ripened red persimmon was much sweeter than honey. After the frost in early winter, all the fruits of the trees turned red into well-ripened ones. I could get the chance to touch some money when my parents sold them in the marketplace in Yangyang twelve kilometers away from our house. In the winter the Eastern Sea was so close to our village that I could always see it from the top of the biggest persimmon tree.

The horizon of the sea looked like a straight line and showed me a dense blue. Sometimes I could see the large ships sailing somewhere in the sea. Such a scene drove me to tons of curiosities and adventures.
Therefore every summer, I used to go there with three of my best friends on Saturday afternoons.

There were many living things unknown to me. The place I played running, wrestling, and swimming with them was another paradise.
Now the place became a beautiful beach named "Hajodae" that many people especially from Seoul would visit to swim in groups or family units. Every summer I occasionally saw the sad news that a few people were drowned in the sea. Every time it happened, I felt desperate to say that the Sea had had both an angel and a demon at the same time. It might be a very dangerous thing for someone to swim in the sea without knowing about ocean information well enough.

But the sea is the treasure of natural resources for us all. One of the most difficult puzzles I can't still solve is in the Sea.
In order to solve the problem I thought of it, but I could not do that. That's why I am now looking for God and yearning to get a right answer from Him. If somebody acts or speaks as if he knows all about God, it will be a very foolish and ridiculous thing. If he knows all about God, he is equal to God in every way and God will not be needed by him anymore.
Sea has a deluge of mysteries and puzzles we can't solve, so I love the Sea. I am still looking for God who created the whole thing on earth and all the planets in the sky.
So I believed that God would be there every time I swam in the sea where I used to go with my friends in childhood.
Some day if I come back to the village, I'd like to go to the Sea and ask again the God about one of the most difficult puzzles I didn't solve. Many clams hidden under the sands, crabs crawling on the rocks, jellyfish and shrimps swimming in the water, and mussels living as rooted the surface of rocks were plentiful there.

(*2004, 03 27 written by 이상록, Flushing, New York)

## 3. 추억의 사진

* Columbia Univ. Campus

* on CU Campus

* Classmates

* Classmates

## 4. Flushing 사진

* Flushing Library

* Northern BLVD. 150 KFC

* Who is this?

* Flushing Macy's

## 5. 예쁘고 고마운 분들 (사진 보내주었음) ...

Ps: 위 사진은 Choi YH님 동의에따라 게시된 것임 (2025.06 13)

(*Manhattan street, NY)

* Artist Sun

( Ps: 위 사진은 Lee SH님 동의에따라 게시된 것임 (2025.06 13)

* Columbia univ. campus

## 6. 그리운 이름

어제 중랑천에 갔다가
돌담길 건너가며 물끄러미 붕어를 바라보았는데
나보고 그리운 사람들 있느냐고 물어보는 듯한 표정
이었는데...
흐르는 물살에 마음으로 적어본 이름을 여기서
다시 부르며 적어 본다

- 김덕곤 —
  병태 성곤 형석 진도 명순

- 박상원 —
  양래 니그로 연시

- 안경모 —
  진우 시원 원병 우진

- 산너머 진달래 (희) —
  미라(전도사님 딸) 영숙(진접) 수현이 엄마(안양)
  남순 (미국)

- 박 호상 —
  Mellen Groove, Sunny, Namsoon, Nancy
  Martin and Julia, Linda, Jennifer, James, Young, Steven ...

# 7. 문인 및 예술가

* 이정록 샘문학, 교수
  한국문학 대표 시인님
  서울대학 총동문회(이사)

..........................................

* 시인/교수 흑진주 장복순님
* 시인/교수 수필가 김소엽님
* 시인/장관 도종환님
* 시인/가수 신철님
* 시인 김경배님
* 최 영희님 (모델)
* 박 진희님 (Latin)
* 롯대주님 (Modern)
* 선행님 (무용가)
* 플랙플 이화정 대표님 (Artist)
* 금서 정자두님 (서예가)
* 박주연님 (A.D.)
* Steven (교수, 미국)
* 시인/영문작가 이상록님

\* 강 건너
산 너머에
그리움 숨어 있다

\* 그리움이
무엇이든 나는 늘
그리워하며 살아가련다

(2025 06 17 이상록)

## 8. 자발적 후원코너 ..........................

*길 지나가다 꽃 한송이를 보면...

* 그냥 지나가지 말고
"나를 위해
예쁘게 웃고 있어 참 고맙다"
고생해서
여기까지 왔구나 칭찬해 주면 어떠리

※ 후원을 기다립니다
모아진 후원금 일부는 시 발전과
어려운 이웃을 위해 소중히 쓰겠습니다
(* 광주은행 ― 270 121 009415 ― 이 * 록)

# 9) 시 창작은 ?

* 시를 쓰려면 해야 할 요건이 많이
  있지만 여기서는 간단히 몇가지만 기술해 보겠다

* 글이 시가 되려면 최소 3요소는 갖추어야 한다
  1, 운율
  2, 심상
  3, 주제
* 그리고 시에 관한 공부를 적어도 반년 이상 꾸준히
  해야한다 *초중고교생이라면 매일 일기 쓰기부터 하는 것이좋다
  대학생과 성인은 수필을 권장하고 싶다

  그렇게 10년 이상 연마하고 나서
  시 공부와 시 쓰기 연습에 들어가면 한결 수월해질 것이다
  그리고 인생 경험도 많이 필요하다 특히 시골 환경에서 10년 이상
  살아 보기를 바란다 시의 향기는 거기에 많으니까...

  시가 시다워지려면 시적 향기, 생기, 힘, 스토리, 멋, 깊은 뜻,
  경구, 유머, 은유, 기교, 비유, 리듬...등 다양하게 적용되어야 하고
  지나친 허풍이나 미사여구는 배제되어야 한다

*개인적으로 시의 가장 중요한 부분은 살아 꿈틀거리는 힘, 감동,
  향기,멋,운율,암시적 의미라고 본다
  아무리 잘 쓴 시라 할지라도 최소한의 향기도 감동도 없다면
  그건 죽은 시를 쓴 것이다 모든 게 다 그렇지만 글 실력도
  하루 아침에 올라가지는 않는다 시인의 글을 많이 읽어야 함은
  물론 평소 꾸준히 글 쓰는 연습이 필요하다
  　　(*시 경연대회에서 상금도 많으니 해 볼만하다)

## 10) Dance Party (파티초청)

\* 미국식 댄스 파티에
　　여러분을 초대합니다

멀리 미국까지 가지 않아도
　　여기 한국 서울에서 Latin 5종목
　　　　Modern 5종목을 즐길 수 있습니다
　　물론 social dance (Jitterbug, Blues)도 있지요
주로 매니아를 상대로 하고 있지만
　　일반인들도 입장료만 내면 누구나
　　　　편안하게 관전할 수 있습니다

1. 입장료 : 1만원 (토.일 ... 약 200 ~500명 모임)
2. 시간 : 토,일 (12시 ~4시 30분)
3. 간식 제공, 경품, 선물 추첨도 있음
4. 장소 : *플랙플 : (서울시 동대문구 장안동 장한평역 5호선 5번 출구)
　　　　　　　　* 이화정 대표
　　　　*더 오페라 (서울시 동대문구 장안동 장한평역 5호선 3번 출구)
　　　　　　　　* 국영서 대표

5. 파티(클럽) 명칭 : a) 레이디 클럽 (회장 안미미: 010-8962-8835)
　　　　　　　　　 b) 댄스 필리아 (회장 백강: 010- 8770- 7131)
　　　　　　　　　 c) 까르페 클럽 (회장 홍성환: 010- 5223- 2829)
　　　　　　　　　 d) 오브제 클럽 (회장 김완국 010- 9167- 7111)
　　　　　　　　　 e) 블랙플 파티 (대표: 이화정 010- 9508-5698)
　　　　　　　　　 f) 화이트 클럽 / 맥스 클럽 / 멋쟁이 클럽

## 11) 영어 한마디 ........................

*인사하기 ......

    a) How are you? (어떻게 지내니?, 어떻게 지냅니까? 가장 많이 씀 )
        답1) I am good. (I'm good. Thanks, and you?)
        답2) I am OK. (I'm fine.)
        답3) I am well. (123 ... 잘 지내고 있어)

    b) Hi, how are you doing? (안녕, 어떻게 지내고 있니?)
        답1) I am doing good.
        답2) I am doing well. (12... 잘 지내고 있어)

    c) How have you been? (또는 Long time no see.)
                (어떻게 지냈니? 오랜만에 만났을 때)
        답1) I've been good.
        답2) I've been OK. ) (1.2...잘 지내 왔어)

    d) What's up?.. 웟쌉 (어떻게 지내, 무슨일 있어?)
        *설명: 평소 가까운 사람, 친한 사람에게만 사용
        잘 알지 못하는 사람에게는 금지, 주의 해야함
        답1) Nothing much.(별일 없어)
        답2) I am fine, and you? (잘 지내, 너는?)

        참고) How do you do? (처음 뵙는 사람에게 하는 인사)
        * 주의: What do you do? (직업이 뭡니까?)

## 12) 감사 인사 ..........................

Thank you for joining me.
See you again in the fallowing
Collection of poems.
* I wish you all the best.

*함께해 주셔서
감사합니다. 다음 시집에서 만나요.
여러분의 행운을 빕니다

(2025 06 13 서울 장안동에서...)

● 문의 사항은 아래로...
● 전화 : 010 7788 2799
● 이메일 : a77882799@gmail.com  *시인 이상록

난,
너에게 반했어
(* I fell for you.)

*어느 날
우연히 뉴욕에서 만난 너,
지금도 난
널, 그리워 한다
(I miss you.)

*Here is Manhattan,
 New York.

*Flushing that the writer
 lived near the church
 showing below.

## 13). 당부의 말 .....................

지금까지 살아 오면서 크고 작은 경험과
해외에서 느낀 삶의 일부를 시로 표현해서 널리 세상에 알리게
되어 기쁘고 행복합니다
포기하지 않고 꾸준히 오랜 세월 글을 써 오다 보니
2024년 정식 시 입선의 계기로 한국 시 문단 (샘 문학, 구 샘터)에 등단하면서
시집 1 (처음 본 달), 시집 2 (산 너머 진달래) 2025년 5월과 6월에 출간하게 되어 가슴 설레이고 또 출판에 앞서 많은 조언을 해주신 여러 선배 시인님께도
큰 감사를 올립니다 그리고 또한 하움 출판사 문현광 사장님과 관계자
여러분에게도 아울러 깊은 감사를 드립니다 끝으로 저의 글을 애독해 주시는
독자 여러분, 앞으로도 시집 1,2,3,4,5... 계속 이어집니다
*아마도 한국에서 가장 시집을 많이 낸 시인, 자연을 자장 사랑하는 시인,
그리움에 대한 시를 가장 많이 쓴 시인으로 기억되기를 바랍니다

   "황소처럼 꾸준히 밀고 나가십시오
    늘 준비하는 자에게 기회는 반드시 옵니다"

     여러분 모두의 건강과 행운을 빌면서..


    (시집 1 ... 처음 본 달
    시집 2 ... 산 너머 진달래
    시집 3 ... 2025 7월 예정)
   *각 서점 및 온라인 판매중...


   "Never give up. Slow but Steady"


    (— 2025 06 13   시인 이상록 —)

## 14) 시인 안내 ....................

*좋은 책, 영양가 있는 시집을 선정하려면 어떻게 해야 하나
 그 많은 책, 그 많은 시집 다 읽어 볼 수도 없고...
 그래서 참고가 될까 싶어서 아래와 같이 원로시인님과 왕성한 필력을 펼치는
 떠오르는 스타 시인님들의 이름을 소개합니다

(* 시인 서열 없음 ... 오해 없기를 바랍니다)


1. 이육사 한용운
   김소월 서정주 시인님  ...

2. 이근배 이정록 시인님 ...

3. 도종환(장관) 손해일 시인님 ...
   김소엽 김민채 신재미 유미경 이연수 시인님...

3. 시 작품 왕성한 시인들 (2025 수상자) —

   * 석전 김경배 시인님
   * 흑진주 장복순 시인님
   * 이상록 시인님 (양양시인)

## 15) 맺는 말 ..........................

언제 어디서 무엇을 하든, 하늘과 땅과
인간 그리고 모든 만물을 지으신 거룩한
하나님의 축복이 항상 함께 임하길 빌겠습니다

강원도 양양 현북면 샘제산 마을에서
평생 농부의 아들로 흙에 묻혀 살 줄 알았는데......
멀리 미국 유학까지 보내 주신 하늘의 신, 영의 아버지께
한없는 감사를 먼저 올리고 싶다
학교 갔다 집에 돌아오면 공부할 시간을 통 주지 않은
육의 아버지 때문에 뒷산 대밭이나 묘지 뒤에 숨어
공부했다 이를 본 하나님은 나를 측은히 여겨 미국 유학시켜주었고
시인이 되게 해 주셨다 육신의 아버지 보다 영의 아버지가
더 좋은 걸 어떻게 하랴 도움 주신 하움출판사 문현광 대표님과
직원 여러분 그리고 애독자 여러분께 깊은 감사를 올립니다

*From the heaven
God bless you, and your family also.
(2025 04 28 저자 이 상 록)

# 16. 작가 프로필

# 이 상 록

..........................................

## * 시 인

1. 영어강사
2. 미국 11년 거주
3. 강원도 양양 태생
4. 현북 초 중 고교, 양양고교,
   청주 사범대학, 외대 eMBA,
   미, 컬럼비아대학 영어
   물결에서 헤엄치다
   시인이 되다

..........................................

5. 시 등단 (2024)
6. 시 신인상 수상 (2025)
7. 시집 1 (처음 본 달)
8. 시집 2 (산 너머 진달래)
9. 샘 문학 회원
10. 동대문 문화원 회원
11. 한국 문학 회원
12. 한용운 문학 회원

지은이 이상록 (양양시인)

편집 이새희
마케팅·지원 이창민
교정 이상록
펴낸곳 하움출판사
펴낸이 문현광
이메일 haum1000@naver.com
홈페이지 haum.kr
블로그 blog.naver.com/haum1000
인스타 @haum1007
ISBN 979-11-7374-114-2 (03810)
1판 1쇄 발행 2025년 07월 11일

좋은 책을 만들겠습니다.
하움출판사는 독자 여러분의 의견에 항상 귀 기울이고 있습니다.
파본은 구입처에서 교환해 드립니다.

이 책은 저작권법에 따라 보호받는 저작물이므로 무단전재와 무단복제를 금지하며,
이 책 내용의 전부 또는 일부를 이용하려면 반드시
저작권자의 서면동의를 받아야 합니다.